核心素养视域下的
初中地理
教学研究

邹长玉 / 著

湘潭大学出版社
XIANGTAN UNIVERSITY PRESS

图书在版编目（CIP）数据

核心素养视域下的初中地理教学研究 / 邹长玉著
. -- 湘潭 : 湘潭大学出版社, 2023.10
ISBN 978-7-5687-1277-4

Ⅰ. ①核… Ⅱ. ①邹… Ⅲ. ①中学地理课—教学研究
—初中 Ⅳ. ①G633.552

中国国家版本馆 CIP 数据核字（2023）第 187302 号

核心素养视域下的初中地理教学研究

HEXIN SUYANG SHIYU XIA DE CHUZHONG DILI JIAOXUE YANJIU

邹长玉 著

责任编辑： 罗　联
封面设计： 李　平
出版发行： 湘潭大学出版社
社　　址： 湖南省湘潭大学工程训练大楼
电　　话： 0731-58298960 0731-58298966（传真）
邮　　编： 411105
网　　址： http://press.xtu.edu.cn/
印　　刷： 长沙创峰印务有限公司
经　　销： 湖南省新华书店
开　　本： 710 mm×1000 mm 1/16
印　　张： 11.25
字　　数： 203 千字
版　　次： 2023 年 10 月第 1 版
印　　次： 2023 年 10 月第 1 次印刷
书　　号： ISBN 978-7-5687-1277-4
定　　价： 58.00 元

目 录

第一章　绪　论

第一节　核心素养的由来和内涵

核心素养的概念从最初萌芽逐步发展到今天经历了一个长期的过程。历史上不同时期和背景下提出的核心素养，都有着特定的前提或目的，是由个人或组织基于各自的时代背景、社会发展需要及现实目的而提出的。

一、核心素养的由来

1997 年，经济合作与发展组织启动“素养的界定与遴选：理论和概念基础”项目（以下简称 DeSeCo 项目）。接着，欧盟，联合国教科文组织，美国、日本等国家和我国台湾地区纷纷开始研制学生核心素养框架。这些已有的探索为我国建构学生核心素养框架提供了宝贵的经验。当然，要建构符合我国学生实际的核心素养体系，还需要切实把握好我国教育发展的实际情况。

DeSeCo 项目是核心素养研究的一个标志性事件。这个项目是从不同的角度建立完善的核心素养结构框架，该框架不但对于现在人们的生活需求有一定意义，对于社会未来的发展变化和社会进步也有一定的意义。世界上各个国家都在逐渐建立本土文化的核心素养，而 DeSeCo 项目的总体结构框架可以提供一个很好的参考。

DeSeCo 项目通过研究探讨得出，核心素养指标体系有三个维度：能互动地使用工具、能自主地行动、能在异质群体中进行互动。

2003 年，联合国教科文组织教育研究所提出了“学会改变”这一概念，并将其作为终身学习的第五支柱。他们提出，学会求知是终身学习的基础，个人的学习与工作将结合得越来越紧密，教育应帮助个人将学习贯穿于工作内外，使其具备持续的竞争力。

进入 21 世纪，美国政界、商界、教育界形成一个全国性的 21 世纪技能伙伴组织，参加的单位有政府部门、商业机构以及包括美国图书馆协会等在内的多家民间组织，北美大部分高校的相关研究人员也参与了研究工作。2007 年，《“21 世纪素养”框架》进一步更新，明确了三个技能：第一，学习与创新技能。第二，信息、媒介与技术技能。第三，生活与职业技能。

随着全球化、信息技术的进一步发展，日本建构了“21 世纪型能力”模型，试图以此作为课程改革的指南，进而促进教育的深层变革。“21 世纪型能力”模型是同心圆型，由内到外依次是基础能力、思维能力和实践能力。基础能力是思维能力的基础，要掌握好基础知识，把扎实的基础知识运用到实际中来，实现目标技能。思维能力在“21 世纪型能力”中占主导地位，它不单指思维，还包括解决问题的能力、创新能力、逻辑能力和适应能力。实践能力引导着思维能力，人们在日常生活或者日常交流中，通常会出现一些问题，运用思维能力解决遇到的问题并和其他人分享解决方法的能力叫作实践能力，它包括交际能力、职业生涯规划能力、与他人友好相处的能力、道德规范意识和市民责任感能力。“21 世纪型能力”三个圆互相重叠，三种能力合起来才能构成一个完整的圆，缺一不可。

我国台湾地区在参考联合国教科文组织与大陆学者相关研究的基础上，构建了“三面向、九主轴”的国民核心素养滚动圆轮意向结构图。图中以滚动的圆轮作为意象的国民核心素养体系，将培养终身学习者作为教育的核心目标，将自主行动力、沟通互动力和社会参与力作为达成终身学习者培养目标的国民核心素养三维架构之“三力”，如图 1-1 所示。

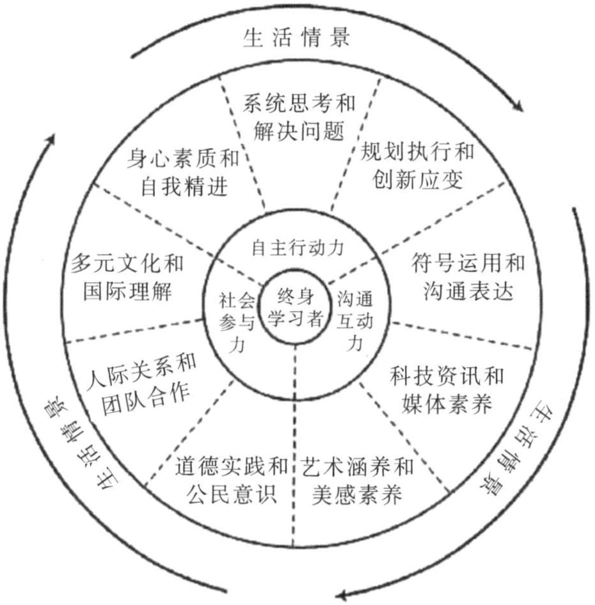

图 1-1　我国台湾地区国民核心素养的滚动圆轮意向

受国际教育潮流的影响，也源于本土教育发展的需要，我国已开始研究学生核心素养体系，努力研制基于核心素养的教育或课程标准，期望在核心素养的统领下推动并深化课程改革，以矫正传统的重学科知识体系的完备性轻综合素质培养、重知识结构轻能力培养的弊端，促成以培育学生核心素养为关键的全面发展。

二、核心素养的内涵

核心素养已成为近些年国内外教育界普遍关注的议题，世界主要发达国家和地区先后构建了不同的核心素养体系，这些体系从不同的角度诠释了核心素养。本书梳理了不同框架中核心素养的定义、特点、内容及其价值，以期更准确把握核心素养的内涵和实质。

（一）核心素养的定义

国家对核心素养的关注，意味着在当下教育变革的浪潮中，需要各方对人才质量标准进行重新定位。我国对核心素养的研究尚处于探索阶段，对国际上关于核心素养的研究进行回顾，有助于提升核心素养本土定义的适切性。

以澳大利亚为例，自 1985 年卡莫委员会提出五大关键能力开始，澳大利亚就一直致力于核心素养体系的研制。之后，其在核心素养的内涵、构成、评价准则等方面的研究都取得了显著的成果。梅耶委员会认为，关键能力是个人在学习、工作及生活环境中所需的能力，是对知识和技能的整合与应用的体现，使个体未来能有效地参与工作并适应成人生活的社会环境。据此，该委员会提出了七大核心素养分支：收集、分析和组织信息的能力，沟通观念和信息的能力，规划与组织活动的能力，与他人和团队合作的能力，运用数学概念与技巧的能力，解决问题的能力，使用科技的能力。

通过梳理相关研究成果，发现对核心素养的思想基础、价值取向、具体内容的认识有共通之处。

1. 核心素养的思想基础

核心素养的思想基础是人的全面发展，具体诠释为：学生经历教育后必须拥有怎样的基本素养和能力，成为怎样的人才。人的全面发展的现代内涵就是指提高人的综合素质和创新能力，这和核心素养的理念是一致的。核心素养是知识、技能和态度等的综合表现，不是囿于某单一学科的知识和技能，而是非情境化的，并可以适用于不同学习领域、不同情境中。各国各地区核心素养体系中的指标大多可按照经济合作与发展组织的架构划分，即分为人与工具互动、人与自己互动、人与社会互动，从分类框架上即体现出其综合性。

2. 核心素养的价值取向

核心素养的价值取向在于满足个人发展与社会发展的双重需要。在个人的自我实现与发展方面，核心素养必须为人们追求生活目标提供帮助，为实现个人兴趣及终身学习的愿望提供动力，有助于满足个人优质生活的需求，获得成功的人生。在社会发展方面，核心素养可以帮助每个人建立公民身份、行使公民权利、积极融入社会，支持个人在社会文化网络中积极地回应情境的要求与挑战，保障社会的稳定和发展。因此，核心素养不仅可以营造成功的个人生活，还有助于建立功能健全的社会，达成优质社会的发展愿景。

3. 核心素养的具体内容

核心素养的具体内容包括知识、能力、态度等多方面。核心素养并不指向某一学科知识，而是强调个体能够积极主动，具备一定的方法，获得知识和技能。核心素养既包括传统的教育领域的知识、能力，还包括学生的情感、态度、价值观。它是一系列知识、能力和态度的集合，以三维整合的方式呈现，有较强的综合性和实践性。如国际上重视的语言交往、信息处理、问题解决、社会合作、创新意识等素养，都是学生获得知识、习得能力、发展情感后相互融合的产物。总之，核心素养是个体适应未来社会需要、获得全面发展、提高生存能力的必备品格和关键能力，是满足终身学习的基本条件，是提升个体综合素质的重要保障。

（二）核心素养的特点

核心素养模型的建构既要从个体成长发展的一般规律出发，也要符合教育教学实践的客观要求。同时，核心素养模型要反映社会对人才的新要求，紧随全球化、信息化发展的大趋势，使学生适应未来社会生活，拥有终身学习的能力。虽然不同国家和地区基于教育实践所建构的核心素养框架有所差异，但是最后筛选出的核心素养却呈现出一些共同的特点。

1. 普遍性

核心素养的普遍性表现在它是不同学习领域、不同情境中都不可或缺的共同的基础性的要求。一方面，核心素养不同于素养。素养是在个体与情境的有效互动中生成的，这些情境包括家庭、职场、社区及其他公共领域等。素养不应该脱离特定的情境，不同的情境所要求的素养有所不同，抽象地谈论素养是没有太大的价值的。核心素养不是只适用于特定情境或特定人群的特殊素养，而是适用于一切情境和所有人的普遍素养。另一方面，核心素养是一种跨学科素养，它强调各学科都可以发展的、对学生最有用的东西，并不指向某一学科知识，不针对具体领域的具体问题，而是强调个体能够积极主动，具备一定的方法，以获得知识和技能。核心素养是从人的成长发展与适应未来社会的角度出发，对每一个人都具有重要意义的素养。

2. 系统性

核心素养具有系统性，各指标因素之间相辅相成、相依相促。从纵向来看，素养的生成包括从生理到心理再到文化和思想四个不同的纵向发展层面。这四个层面中，前者是后者的基础。在这里，基础包含两层含义：一是在发生上，前者对后者存在一种逻辑在先的意义。二是在内容上，后者以萌生的形式存在于前者之中。这决定了核心素养的习得与养成必须具有整体性、综合性和系统性。从横向来看，核心素养各因素并非单独存在，而是呈现相互渗透、彼此互动的动态发展。核心素养以整合的方式在实践中发挥作用。例如，反思能力的养成有利于学生对自己的决策、行为、方法以及由此产生的结果进行审视、分析和调整。自我认知素养是主观自我对客观自我合理认识与评价的意识与能力，包括对自己身心特征、优缺点、心理活动的认识，清晰认识到自己在集体和社会中的地位及作用，并在此基础上对自己做出合理评价。反思能力和自我认知素养的养成与发展是相辅相成、相互促进的，体现了核心素养的系统性。因此，以核心素养引领课程改革，可在纵向上促进不同教育阶段课程的连贯性，也可在横向上促进不同领域课程发展的统一性，在提升教师课程设计与教学实施效能的同时激发学生的学习效能。

3. 生长性

核心素养的动态性表现在其是可教可学、动态发展的。学生核心素养的获得是一个循序渐进、不断深化的过程，它可以通过外在刺激，诸如有意的教育进行规划、设计与培养。当学生踏入社会，核心素养通过个人与真实情境展开互动而不断延伸、拓展和生长，随着社会经验的丰富、个体发展需求的增加，素养的内涵会得到丰富和完善。许多国家的核心素养体系中涉及的沟通交流能力就呈现出明显的生长性。例如，学生在进入学校之前，就具有一定的表达能力，经过学校课程、活动的系统性训练，学生习得较为标准化、系统化的表达方式与沟通技巧，搭建起一套适用于学校、家庭环境的沟通交流能力体系。当学生进入社会以后，随着社交面的扩大，面对形形色色的人，适用于学校、家庭的沟通交流方式开始显得匮乏。在实践的打磨中，他们的沟通交流方式和技巧越发丰富和完善，逐渐形成更加纯熟、多元、完善的沟通交流能力体系。由此可见，核心素养是可教可学的，具有连续发展性。核心素养是通过外显行为表现出来的，体现为行为意向、行为技能水平等。尽管核心素养是动态发展的，仍可以根据相关理论开发相应的工具对其进行测评。例如，学生对社会责任的认识是随着人生经历的丰富、知识结构的完善而逐渐丰满起来的。低年级的学生或许只能认识到社会责任范畴中自己对家庭的责任，主动承担力所能及的家务，做家庭的小主人。随着认识角度和认识方式的改变，学生能够对社会责任形成更加深刻的、全面的理解，认识到自己在与他人、集体、社会、自然等方面的关系中应有的职责、义务和使命，将自己的存在与更大范围内的社会联系在一起。

4. 统整性

核心素养的统整性表现在两方面：一方面，核心素养是知识、能力、态度、价值观和情绪的集合体；另一方面，核心素养并不指向某一学科知识，它强调个体能够积极主动，具备一定方法，获得知识和技能。例如，就合作参与素养来说，人类面临问题的复杂化、社会分工的精细化都愈加突显出合作参与的价值。全球变暖、水污染等成为人类共同面对的问题。由此可见，合作已经成为社会发展的重要途径。同时，面对激烈的竞争，个人想要取得成功，也离不开与他人的合作。因此，合作参与素养整合了社会需求和个人发展需求。

（三）核心素养的维度

综合国内外既有的研究成果，将核心素养划分为三个维度，即人与工具、人与自我以及人与社会。其中，人与工具核心素养包括语言运用、信息收集与处理两个向度，人与自我核心素养包括自我理解、反思能力、创新精神与实践能力四个向度，人与社会核心素养包括合作参与、社会责任和国际理解三个向度。

1. 人与工具

人与工具核心素养指的是个人能够运用语言、符号、信息技术等方式进行有效互动的核心素养。工具的恰当运用是人们改造世界的基础。在科学技术迅猛发展的今天，如何有效地利用工具与技术，是处理好社会发展过程中矛盾的关键。

（1）语言运用

语言运用素养是指交际者在掌握了一种语音、词汇和语法等基本知识和基本规则的前提下，能在特定的语言环境里，按照一定规则准确、得体地使用语言进行交流、理解与创造性的表达。合理有效地运用语言是个体在社会中存在并发展的前提条件。个体只有掌握了基本的语言知识、技巧与能力，才能够有效地生存于社会之中。语言运用素养主要包括母语语言运用和外语语言运用两个层面。

（2）信息收集与处理

信息收集与处理素养是指人们在信息社会中运用现代信息技术，获取、利用、开发、评价和传播信息的能力。高效地获取信息，并充分地开发和利用信息，是人们成功立足于现代社会所需的重要能力。

2. 人与自我

人与自我核心素养指的是作为具有社会性的个人，应该能够明晰自己的能力与目标，了解自己的权利和义务，为自身更好地适应现代生活奠定基础。在现代社会发展过程中，人只有认清自己，才能够更好地生存与发展。

（1）自我理解

自我理解素养是指个体对有关自己的思想和态度认知的概念系统。人只有充分了解了自身的社会性存在，才能够更好地生存与发展。自我理解素养包括生理自我理解、心理自我理解与社会自我理解三个层面。

(2) 反思能力

反思能力素养指的是拥有自我反思的情感和意志力，对个体所见、所闻、所经历的事情具有批判性和探究性思考的能力，是反思活动能够顺利展开的心理素质特征的综合体。人只有能够对自己的知识、行为做出恰当的反省与思考，才能够取得进步。反思能力素养主要包括自我意识、批判性、探究性、意志力和自我评估几个层面。

(3) 创新精神

创新精神素养是指个体在从事创新活动过程中所表现出来的智识和品质，是一种较为稳定的积极的心理倾向，是一种勇于对旧思想旧事物进行质疑，创造新思想新事物的精神。创新是一个民族进步的灵魂，是一个国家兴旺发达的不竭动力。在科技迅速发展和全球化日益深化的今天，创新精神扮演着越来越重要的角色。创新精神包含创新意识和创新品质两个层面。

(4) 实践能力

实践能力素养是指个体运用知识、技能顺利解决实际问题时具备的生理特征和心理特征的综合。实践能力包括知识、技能以及必要的心理品质。在人的发展过程中，人所习得的各种知识，最终都要付诸实践。实践能力可划分为知识型实践能力和操作型实践能力两个层面。

3. 人与社会

人与社会核心素养指的是人在社会生活当中为适应现代社会环境所表现出来的基本能力。人与社会核心素养包括合作参与、社会责任和国际理解三个层面的内容。

(1) 合作参与

合作参与素养主要体现在合作上。这里的合作指个体在学习、生活或者与他人交流中，为了能达到预期的目标，与有相同目标的人互相协作完成一件事。基于现实的需要，人们要养成合作参与的意识，培养合作参与的技能，以便能够在合作型社会当中得到更好的发展。合作参与素养包括合作参与意识、合作参与技能、合作参与品质三个层面。

(2) 社会责任

社会责任素养是指个体自觉承担与他人、集体、社会、自然等方面的关系中应有的职责、义务和使命的情感态度和行为表现。其核心是个体认识到自己对社会发展乃至人类发展所应承担的责任。作为现代人，应有必要的社会责任担当，履行相应的义务，做一个对社会发展有意义的人。社会责任素养包括诚信友善、勇于担当、法治意识、生态意识四个层面。

(3) 国际理解

国际理解素养是指理解与欣赏本国及世界各地的历史文化，深切地认识到世界是一个整体，并深刻认识到我们应该营造多元文化共存、和平安定的人类生活环境。其主要表现是个体对于国际动态、多元文化、人类共同命运等方面的关切和认知。在全球化快速发展的今天，人们对国际社会、环境的理解与认知是人们立足于当今世界非常重要的因素。

(四) 核心素养的价值

核心素养的价值体现在以下几个方面：

1. 适应社会诉求与技术发展

教育通过培养人才不断推动科技更新和社会发展，同时，社会的发展与进步也会促使教育变革。因此，教育的发展要适应社会诉求与技术发展。当今社会是一个文化交流、科技交流共同发展的时代，核心素养体系中的外语交流、文化交流、国际交流、科学技术交流、信息技术交流等素养都反映出知识经济时代的发展动态，体现出科学技术进步对人才素质的要求。我国核心素养是在国际发展的大背景下提出的，应与时代特色相结合，让学生的综合素质得以提升。

2. 关注终身学习和全面发展

联合国教科文组织、经济合作与发展组织、欧盟以及美国、加拿大、澳大利亚、新西兰、德国核心素养体系的提出和建构都离不开一个鲜明的主题，就是培养学生的终身学习能力。现代社会知识的更新速度越来越快，学生只有拥有终身学习的能力，才不会被时代抛弃。终身学习能力要求学习者能够依据个人的学习需求、能力与具体情况，自定学习进度，选择学习方式，进行自我学习。它强调学习的终身持续性、方式的多样性和学习的自主性，不仅体现了核心素养体系中的信息素养、阅读能力、媒体素养，还体现了学习者改进学习的能力、独立学习的能力、主动探究的能力、自我反思的能力。人的全面发展是指提高人的综合素质和创新能力，这和核心素养的理念是一致的。国际组织及世界各国对核心素养的遴选不是局限于单一学科的知识和技能，而是涉及学生全面发展所需要的知识、技能、态度和价值观等。例如，各国各地区核心素养体系中的指标大多可按照经济合作与发展组织的架构划分，从分类框架上就体现了其综合性，这对学生的全面发展大有裨益。

3. 促进自我认同和自主行动

自我认同和自主行动是指帮助学生建立明确的自我概念，促使他们把自身的需要和愿望转化为有目的的行动。一方面，个人首先需要建立自我认同，并赋予生命以意义，合理清晰地认识自己、悦纳自己，明确自身的优劣势，从而发挥优势、规避劣势，明确发展方向。另一方面，在确认发展方向之后，自主行动也尤为重要。在这一价值层面上，核心素养的功能性指向明显，就是帮助学生解决问题。学习者应掌握学习诀窍，增强实践能力，发扬创新精神，以不变应万变，主动积极地应对挑战。

4. 重视生活品质与生存质量

核心素养立足于适应现在及未来社会发展的需要，如同高楼大厦的坚实根基，楼的高度与坚固性都取决于根基的稳固性，所以核心素养的培育对于人们未来的发展有着关键的奠基和引导作用，关乎个体的生活品质和生存质量。核心素养体系除了生存必备的能力之外，还涉及文化意识、环境研究、个体职业发展、生活规划等，这些指标体系涵盖学生的个人品质、文化素养和精神境界，影响着他们与社会、自然的相处和互动方式，也决定着他们日常生活的品位和品质。

第二节　核心素养的整体框架

联合国教科文组织、经济合作与发展组织、欧盟等国际组织将核心素养当成课程设计的关键。当前，我们正在从知识本位时代走向核心素养时代，不少国家和地区都将核心素养纳入课程改革体系。

一、核心素养的发展与演变

核心素养是一个比较现代的词，但其中蕴含的教育、哲学思想由来已久。早在 2000 多年前，西方的苏格拉底就教育人们要努力成为有德行的人。“美德即知识”是苏格拉底伦理学最重要的命题，由此提出了“德行可教”的主张。后来，无论是亚里士多德还是柏拉图或是西塞罗，都提出了公民必须拥有正义、智慧、勇敢且懂得节制等德行。

在我国，以孔子为代表的思想家很早就围绕健全人格进行了思考，归纳出“内圣外王”的传统文化人才观，体现了通过内修的济世功用以实现个人理想和达济社会，进而达到王道社会的政治理想。此外，南宋理学家朱嘉主张教育的目的在于“明人伦”。明代思想家王守仁倡导心学，把道德教育与修养放在教育工作的首位。清代教育家王夫之提出了“立志”“自得”“力行”的教育方法。可见，在以农业经济形态为主导的古代社会背景下，人们将高尚的道德品行作为人才的首要标准，这正体现了先哲们对素养内涵的朴素理解。

伴随着工业社会的到来，人们普遍加强了对专门行业技能及职业需求导向的关键能力的重视。20 世纪，不同学科取向下的研究者以能力为中心，对素养的概念和内涵进行了新的思考和分析。皮亚杰在发展科学领域将能力解释为一般智力，通过同化、顺应双向建构过程，不断实现个体与环境的交互作用，用以建构知识与能力。加德纳提出了多元智能理论，将智力分为言语一语言智能、逻辑一数理智能、视觉一空间关系智能、音乐一节奏智能、身体—运动智能、人际交往智能、自我反省智能、自然观察智能和存在智能等九种智能。斯宾塞等人提出“冰山模型”，认为素养是指一个人所具备的外显特质和潜在特质的总和，是执行某项特定工作时所需具备的关键能力，而潜在特质具有跨领域性，是人格中最深层且长久不变的部分。由此看出，在以工业经济为主导的现代社会背景下，人才培养是能力本位的，仍没有全面考虑人的健全发展所需的情感、态度、价值观等。

随着全球化、信息化时代的来临，为了适应快速变迁的多元化需求，人们对传统的能力、技能、知能等概念的内涵进行了扩展与升级，提出了同时包括知识、能力与态度的素养概念，并从关键和核心的角度加强了论证。显而易见，在以信息经济、低碳经济等经济形态为主导的现代社会背景下，人才的培养需要重视核心素养，强调核心素养才是培养能实现自我与促进社会和谐发展的高素质国民与世界公民的基础，它反映了当今时代社会发展的需求。

核心素养概念的演变和发展与社会的进步、经济的发展以及教育改革的深化息息相关，是人类社会生产力与生产方式发展变化在教育领域的反映与体现。

二、我国核心素养的内涵与框架

从本质上说，关注核心素养其实就是关注“教育要培养什么样的人”的问题。

国际上，经济合作与发展组织从 1997 年底开始，实施了大规模的跨国研究项目——“素养的界定与遴选：理论与概念基础”，这成为有关核心素养最有代表性的项目。借着经济合作与发展组织在政治、经济、教育领域的国际影响力及其推行的“国际学生评估项目”（PISA），核心素养为 21 世纪知识经济时代信息与全球化社会的教育指明了方向。随后，联合国教科文组织、欧盟等都相继采用 21 世纪的核心素养来设计所有教育阶段的课程。美国、英国、德国、法国、澳大利亚等西方国家都对核心素养的概念、维度及具体内容进行了界定，对以素养为核心的教学和课程给予了高度的关注。虽然各国际组织和国家在核心素养的表述上存在差异，但其思想是共通的，即都重视公民关键的、必要的、重要的素养。

在我国，如果从教育改革和课程改革的视角去进行延续性的追溯，核心素养至少可以说肇始于 20 世纪 90 年代。1994 年 8 月，《中共中央关于进一步加强和改进学校德育工作的若干意见》中第一次使用了“素质教育”的概念。1999 年 6 月，中共中央、国务院颁发《关于深化教育改革全面推进素质教育的决定》，召开第三次全国教育工作会议，对实施素质教育进行全面部署。进入 21 世纪，《基础教育课程改革纲要（试行）》《国家中长期教育改革和发展规划纲要（2010—2020 年）》都明确指出中国教育改革发展的战略主题是素质教育，学生发展的重点是社会责任感、创新精神和实践能力。显然，针对应试教育提出的素质教育与当前核心素养关注的方向和重点是一致的。核心素养的命题是素质教育的延续与坚守，同时又是对素质教育的提升与超越。其具体表现是：‘素质’或‘素养’的发展都是先天遗传和后天培养相互作用的结果，但素养更强调后天培养，更强调其可发展性，因而，也更强调教育的使命。

2014 年 3 月，教育部发布《关于全面深化课程改革落实立德树人根本任务的意见》，首次在国家课程改革的文件中明确使用“核心素养”一词，并把研制学生发展核心素养体系作为落实立德树人工程十大关键领域的首要环节。2016 年 9 月 13 日，中国学生发展核心素养研究成果发布会在北京师范大学举行，会上公布了中国学生发展核心素养的总体框架及基本内涵。

研究报告指出，核心素养是学生在接受相应学段的教育过程中，逐步形成的适应个人终身发展和社会发展需要的必备品格和关键能力。它是关于学生知识、技能、情感、态度、价值观等多方面要求的结合体；它指向过程，关注学生在其培养过程中的体悟，而非结果导向；同时，核心素养兼具稳定性、开放性、发展性，是一个伴随终身可持续发展、与时俱进的动态优化过程，是个体能够适应未来社会、促进终身学习、实现全面发展的基本保障。核心素养不仅能够促进个体发展，同时也有助于形成运行良好的社会。

中国学生发展核心素养以培养“全面发展的人”为核心，分为文化基础、自主发展、社会参与三个方面，综合表现为人文底蕴、科学精神、学会学习、健康生活、责任担当、实践创新六大素养，具体细化为人文积淀等十八个基本要点。

综上所述，中国学生发展核心素养既根植于中国传统文化的土壤，又具有宽阔的国际视野、鲜明的时代特性。从内涵上讲，不仅重视能力，而且重视品格，两者共同支撑，促进人的发展。从功能上看，不仅具有个人发展价值，而且具有社会发展价值，两者统一、融合、互动，相互促进。从整体框架来看，由文化基础、自主发展、社会参与三个维度支撑建构，反映了个体与自我、社会和文化的关系，以丰富的意蕴回答了“教育要培养什么样的人”的本质问题。

表 1-1 中国学生发展核心素养基本要点和主要表现

	核心素养	基本要点	主要表现描述
文化基础	人文底蕴	人文积淀	具有古今中外人文领域基本知识和成果的积累，能理解和掌握人文思想中蕴含的认识方法和实践方法等
		人文情怀	具有以人为本的意识，尊重、维护人的尊严和价值；能关切人的生存、发展和幸福等
		审美情趣	具有艺术知识、技能与方法的积累，能理解和尊重文化艺术的多样性，具有发现、感知、欣赏、评价美的意识和基本能力；具有健康的审美价值取向；具有艺术表达和创意表现的兴趣和意识，能在生活中拓展和升华美等
	科学精神	理性思维	崇尚真知，能理解和掌握基本的科学原理和方法，尊重事实和证据，有实证意识和严谨的求知态度；逻辑清晰，能运用科学的思维方式认识事物、解决问题、指导行为等
		批判质疑	具有问题意识；能独立思考、独立判断；思维缜密，能多角度、辩证地分析问题，做出选择和决定等
		勇于探究	具有好奇心和想象力；能不畏困难，有坚持不懈的探索精神；能大胆尝试，积极寻求有效的问题解决方法等

续表

	核心素养	基本要点	主要表现描述
自主发展	学会学习	乐学善学	能正确认识和理解学习的价值，具有积极的学习态度和浓厚的学习兴趣；能养成良好的学习习惯，掌握适合自身的学习方法；能自主学习，具有终身学习的意识和能力等
		勤于反思	具有对自己的学习状态进行审视的意识和习惯，善于总结经验；能够根据不同情境和自身实际，选择或调整学习策略和方法等
		信息意识	能自觉、有效地获取、评估、鉴别、使用信息；具有数字化生存能力，主动适应“互联网＋”等社会信息化发展趋势；具有网络伦理道德与信息安全意识等
	健康生活	珍爱生命	理解生命的意义和人生的价值；具有安全意识与自我保护能力；掌握适合自身的运动方法和技能，养成健康文明的行为习惯和生活方式等
		健全人格	具有积极的心理品质，自信自爱，坚韧乐观，有自制力，能调节和管理自己的情绪，具有抗挫折能力等
		自我管理	能正确认识与评估自我，依据自身个性和潜质选择适合的发展方向；合理分配和使用时间与精力，具有达成目标的持续行动力等
社会参与	责任担当	社会责任	自尊自律，文明礼貌，诚信友善，宽和待人；孝亲敬长，有感恩之心；热心公益和志愿服务，敬业奉献，具有团队意识和互助精神；能主动作为，履职尽责，对自我和他人负责；能明辨是非，具有规则与法治意识，积极履行公民义务，理性行使公民权利；崇尚自由平等，能维护社会公平正义；热爱并尊重自然，具有绿色生活方式和可持续发展理念及行动等

续表

	核心素养	基本要点	主要表现描述
社会参与	责任担当	国家认同	具有国家意识，了解国情历史，认同国民身份，能自觉捍卫国家主权、尊严和利益，具有文化自信，尊重中华民族的优秀文明成果，能传播、弘扬中华优秀传统文化和社会主义先进文化；了解中国共产党的历史和光荣传统，具有热爱党、拥护党的意识和行动，理解、接受并自觉践行社会主义核心价值观，具有中国特色社会主义共同理想，有为实现中华民族伟大复兴中国梦而不懈奋斗的信念和行动等
		国际理解	具有全球意识和开放的心态，了解人类文明进程和世界发展动态；能尊重世界多元文化的多样性和差异性，积极参与跨文化交流；关注人类面临的全球性挑战，理解人类命运共同体的内涵与价值等
	实践创新	劳动意识	尊重劳动，具有积极的劳动态度和良好的劳动习惯，具有动手操作能力，掌握一定的劳动技能；在主动参加的家务劳动、生产劳动、公益活动和社会实践中，具有改进和创新劳动方式、提高劳动效率的意识；具有通过诚实合法的劳动创造成功生活的意识和行动等
		问题解决	善于发现和提出问题，有解决问题的兴趣和热情；能依据特定情境和具体条件，选择制定合理的解决方案，具有在复杂环境中行动的能力等
		技术应用	理解技术与人类文明的有机联系，具有学习、掌握技术的兴趣和意愿，具有工程思维，能将创意和方案转化为有形物品或对已有物品进行改进与优化等。

三、学科素养与核心素养

核心素养要最终落实到具体的实践中，尚需通过多层次的复杂的系统逐层转化。和国际上绝大部分经济体及国家一样，我们现有的课程是以学科课程为主的。依据核心素养确定学科素养、依据核心素养修订课标与重组教材是顶层设计中十分重要的一个环节。只有将核心素养的框架融入学校各学科、各学段的课程目标中，形成指向同一素养框架的课程目标体系，才能实现对学生核心素养的培养。

（一）学科素养的特质

核心素养作为学校课程的灵魂，有助于学科固有的本质特征以及学科素养的提炼，有助于学科边界的软化以及学科群或跨学科的连接，有助于学科教育学的重建，也可能为一线教师整体把握学校课程、打破分科主义、消解碎片化的以知识为中心的传输提供视野和机会。核心素养和学科素养之间是全局与局部、共性与特性、抽象与具象的关系。

1. 学科素养具有聚合性

从以上两者的关系可以看出，学科素养具有聚合性。虽然从形式上看，各个学科都有各自的目标、内容、方法体系，但从本质上看，所有的学科都是为了培养和提高学生的核心素养。学科素养在不同学科之间、同一学科的不同学段之间都存在着内在的一致性。不同学科和不同学段的学科素养都是学生发展核心素养的有机组成部分，都服从和服务于培养学生的必备品格和关键能力的需要。例如，语文学科可以培养语言能力，英语学科等同样有责任和义务。培养认知能力、思维能力，更需要各个学科运用不同的方式方法协力完成。学科群和跨学科的概念，就是试图打破学科间的阻隔，实现学科间交叉融合，共享共进，协同推进学生的能力培养和素养提升。

2. 学科素养具有独特性

各个学科都有自己特定的关注领域和问题研究领域，都有自己的学科特性、学科思想和学科表达方式，都有自己发现问题、研究问题、解决问题的思维方式，这些独特性正是为了在不同程度、不同水平上满足不同学生个性化、多样化发展的需求。例如，同样是“家国情怀”，小学的德育课程中可以用诵读经典爱国诗作、观看优秀影视片、聆听仁人志士故事、参观社区文化资源等活动来感染学生；中学的历史课程中可以用先秦“修身、齐家、治国、平天下”的古训，汉唐“匈奴未灭，无以为家”的典故来熏陶学生。又如，同样是“文化理解”，音乐课程通过认知音乐的主要形式、艺术特征，知晓音乐发展的时代背景与社会意义来体会文化价值；语文课程则借助语言文字的学习，理解、包容和借鉴不同民族、不同区域、不同国家的文化，尊重多样文化，从而吸收人类文化的精华。这种独特性是学科差异的表现，也是学科价值的体现。

（二）核心素养的特质

核心素养具有五个特质，即多元面向、多元功能、多元场域、高阶复杂、长期培育，如表 1-2 所示。

表 1-2　核心素养的特质

核心素养的特质	核心素养特质的具体描述
多元面向	核心素养具备“多元面向”的综合整体，是建立在后现代社会“多元面向”的哲学理据之上的
多元功能	核心素养同时具备促进个人发展与社会发展之“多元功能”，是建立在后现代社会“多元功能”的经济学理据之上的
多元场域	核心素养具有跨越各种社会场域与学习领域等“多元场域”之广度，是建立在后现代社会“多元场域”的社会学理据之上的
高阶复杂	核心素养牵涉到反省思考的高阶心智及复杂性行动学习的“高阶复杂”，是建立在后现代社会“高阶复杂”的心理学理据之上的
长期培育	核心素养必须通过各级教育阶段的终身学习之“长期培育”，是建立在后现代社会“长期培育”的人类学理据之上的

1. 核心素养是具备“多元面向”的综合整体

“多元面向”的特性，是指核心素养具备的“多元性”，即每项核心素养均涵盖知识、能力与态度等多面向之整合，乃是一系列多元面向组合的整体。一方面，彰显了核心素养是一种涵盖认知、技能、情意的复合构念；另一方面，整体大于部分之和，这呼应了个体在生活情境任务要求下，展现主体能动者所需行动的知识、能力、态度的一种整体因应互动体系。核心素养是行动主体能动者与生活环境脉络的情境进行互动过程当中，具有主体能动性的行动实践智慧，其中涉及主体能动者能结合个体内部情境的认知、技能与情意等复杂心智之行动先决条件，进而统整个体的知识、能力与态度，扮演“反思的实践者”，通过行动反思与学习，促成个体展现主体能动者的负责任之行动，以便能成功地因应外部生活环境脉络情境之下的各种多元社会场域的复杂任务。

特别是经济合作与发展组织曾经进行“素养的界定与遴选”之跨国际与跨学科领域研究，探讨核心素养之定义与选择的理据及架构，明确指出素养涉及知识、能力与态度之统整，包括个人优质生活与优质社会生活情境互动所需展现出来的优质态度。欧盟甚至更明确地将各项核心素养所应达到的知识、能力与态度水平加以具体陈述，指出核心素养应涵盖知识、能力与态度三大面向。

上述核心素养所涉及的内涵并非单一面向的知识、能力、态度，而是多元面向的整体，每项核心素养均是涵盖知识、能力与态度的综合整体。核心素养的这项特质可分为两个重点。

第一，核心素养是具备知识、能力与态度等多元面向的综合整体，涵盖心智历程的多个面向，包含认知、技能与情意等多元面向的社会心智运作机制，其内涵比一般能力更为宽广，而且核心素养包括涉及处理复杂问题的认知技能、分析批判、沟通表达、合作情谊以及伦理道德规范等要素。核心素养的特质便是个人在道德和智慧思想上的成熟，能够担负起自我学习和行动的责任。

第二，核心素养是一种强调全人类的或全方位的素养。核心素养指个体所需具备的素养，以促使个体能够在各种生活情境中，有效地进行学习。教育是使学生了解自己，学会与他人互动，进而适应社会生活。学生所应具备的素养应是多方面的，包括知识、能力、态度与价值观。

2. 核心素养同时具备促进个人发展与社会发展之“多元功能”

核心素养同时具备促进个人发展与社会发展之“多元功能”，可以达成不同的教育目的，以维持个人发展与社会发展的功能。换言之，核心素养具备多元功能，能够达成各种重要目的，并且能在多元脉络情境中解决各种问题，同时强调社会的需求与功能。

核心素养可以有效适应生活需求，具有促进个人发展与社会发展双重功能。一方面，核心素养可提升个人素养，以营造成功的个人生活；另一方面，核心素养可以提升国家竞争力，以建构功能健全的社会。核心素养的此种功能，合乎核心素养的经济学理论基础观点。特别是从知识经济的观点而言，未来的社会发展将形成文化全球化现象。因此，未来的教育必须跨出学校教育，延伸至终身学习，培育学生的自我学习能力，才能适应快速变化的社会生活。就课程设计而言，核心素养可以作为教育目的的重要来源，不仅有助于个人发展，从而获得优质生活，而且可促成社会发展，以产生社会经济效益，建立优质社会，并可培养社会核心价值。

3. 核心素养具有跨越各种社会场域与学习领域等“多元场域”

“多元场域”的特性是指核心素养可以学习迁移并运用到许多不同的社会情境与学习领域。

个人所处的社会生活情境，牵涉到个人所处环境中的人、事、物所构成的各种生活问题与工作挑战，亦即根据个人所处环境脉络情境因素来定义素养。这种核心素养可以通过个人及其所处的情境脉络与个人所采取的主体行动等要素，阐述个人及其所处的制度结构之间的动态关系。因为个人所处的社会环境脉络情境的条件不同以及根据的前提不同，故而核心素养可以协助个人弹性地适应不同环境脉络情境而调整其行动，能弹性地适应社会各种复杂多变情境的应用需要，以适应各种不同情境领域之不同需求与任务挑战，有助于个人成功地适应社会情境之需求。

核心素养具有跨越各种社会场域与学习领域之广度，核心素养并不特别限定于某个场域，而是跨越了所有的社会场域。举例而言，经济合作与发展组织完成的“素养的界定与遴选”之跨国研究，指出能自律自主地行动、能互动地使用工具、能在异质社群中进行互动三个面向的核心素养，每一个面向所对应的是在某一特定情境之下，为了达成某种特定目的所需要的特定核心素养。

一方面，核心素养能跨越生活的各种不同的多元社会场域；另一方面，个人也可通过参与各种不同的多元社会场域行动，获得社会福利、社会互动等为基础的一组社会地位动态组合。此种核心素养的特质，是能跨越生活的各种不同的多元社会场域疆界，并跨越各级学校的主要学习领域课程科目内容，以协助个人在不熟悉的环境脉络情境之下进行行动，达成多元目标、完成多元的工作任务，并在社会文化环境脉络情境之下，经由调整适应、塑造影响与选择环境，以协助个人获得所需的生活并经营成功的生活。

4. 核心素养牵涉到反省思考的高阶心智及复杂性行动学习的“高阶复杂”

核心素养的内部深层结构具备“高阶复杂”的特性。核心素养的内涵牵涉到内在动机、自我概念、认知、技能、态度等，包括认知的技能和智慧与非认知的技能和情意。“高阶复杂”的特性是指核心素养是建立在现代社会生活所需的个体内部情境之社会心智运作机制的认知、技能、情意等行动的先决条件之上，并通过个体对生活的反省与学习，成功地应对外部生活环境脉络情境之下各种多元社会场域的复杂任务，有助于个体获得优质生活。核心素养此种牵涉到反省思考及行动与学习的高阶心智，也彰显了核心素养具有外显的知识、能力以及内隐的态度与认知、技能、情意的性质。

经济合作与发展组织自 1997 年推动 PISA 项目以来，即试图架构出让学生不仅只有阅读、数学、科学等方面学科能力，更要能在复杂的社会中，具有广泛解决问题的核心素养。核心素养不仅可以协助个人适应环境脉络情境的需求，更能协助个人发展出高阶心智复杂性的反思力。这种反省思考及行动与学习，涉及相当复杂的心智过程，并且要求个人将思考过程从主体转变为客体，强调个人心智的自律自主以及积极反省与主动学习。核心素养的这种特质不仅能够协助个人进行抽象思考与自我反省，亦能协助个人扮演反思的实践者，在社会化的过程中，明确找到个人的自我价值与定位。

核心素养的这种特质便是个人在道德和智慧思想上的成熟，能够担负起自我反省思考及行动和学习的责任。此种反省思考及行动，必须运用后设认知技能、创造力以及批判能力，这不仅涉及个人如何进行思考，也包括个人如何建构其思想、感受以及社会关系的整体生活经验，要求个人达到一种更为成熟的境界。只有建立在人类发展演化进化与长期教育的成果之上，个人才能将更高级水平的心智复杂性，融入其思考与行动当中。

5. 核心素养必须通过各级教育阶段的终身学习之“长期培育”

核心素养必须通过各级教育阶段的终身学习之“长期培育”，强调核心素养是后天习得的，是可以从学习中获得的，这彰显了素养是可教的、可学的，可经由社会的、动机的、教学的触动引发，以进行各级教育阶段的终身学习之长期培育。核心素养的发展乃是终身学习的历程，始于家庭、学校与社会教育，而贯穿人的一生。核心素养体系可持续发展，且在不同人生阶段中强化，涉及终身学习的历程。核心素养能成功地因应人类生活情境的需求，并从满足每个个体的前提出发，强调每个社会要尽可能地满足不同社会成员生活的基本所需。其基本假设是，个体与所处的生活情境之间的关系是辩证的、动态的，个体的行动是发生在生活环境的政治、工作、健康医疗等社会文化脉络的社会场域复杂需求之中，亦即核心素养可以从生活环境脉络的情境中进行学习，并可在生活环境脉络的各种多元的社会场域情境中加以运用，因此，其与人类生活情境的关系相当密切。

核心素养的此种特质，彰显了核心素养具有动态发展的本质，是不断成长与改变的，是可学与可教的，而且可因学习经验、教学指导而发展，必须通过不同教育阶段的长期培育。政府通过课程纲要研订，可规划以核心素养为主的课程、教学、学习与评价。核心素养不是单独针对特定的学校教育阶段与教育类别，而是着眼于整个社会的教育体系，更着眼于个人终身学习、生活，适应生涯发展、社会参与、公民责任等方面所需要的素养。

核心素养是可以通过教育加以引导，通过教学加以培养，通过学习获得的。各项核心素养的培养，均是一种终身学习与发展的历程，而非仅存于特定的教育阶段，可以通过学习历程持续发展，特别是必须通过不同教育阶段的终身学习之长期培育。学校教育仅是发展核心素养的一个阶段，如何在各种时期与环境中有效发展核心素养，并有助于个人创造成功的生活，成为一个亟待解决的问题，而这需要通过各级教育阶段的终身学习之长期培育。核心素养可以在儿童期、青少年期、青年期与成年期等不同发展阶段逐渐培育，并逐渐增进其心智的复杂性。因此，政府可推动以核心素养为指引的各教育阶段课程改革，研订课程纲要，明确界定核心素养的架构内涵，规划以培养核心素养为主的课程、教学、学习与评价。

核心素养具备“多元面向”“多元功能”“多元场域”“高阶复杂”“长期培育”等特质，涉及中小学教育中落实和渗透核心素养的路径，可导正过去“重知识能力而忽略态度”之偏失；可以作为更新学校教育目的之重要来源；可以作为推动各学校教育阶段课程改革的指引；可帮助政府通过学校教改课程政策，研订学校课程纲要，明确界定核心素养的架构内涵，规划以核心素养为主的课程与教学，以落实核心素养之教育价值。

第三节　核心素养理论的教学意义

核心素养描绘了对优秀人才的美好愿景，而一线教师更加关心的是核心素养理论如何落地，换句话说，就是核心素养理论对教学而言具有什么样的现实意义。

近年来，随着新课改的实施和推进，教师的话语系统发生了明显的变化：突出学生主体，倡导自主、合作、探究学习，运用对话式、讨论式教学，注重知识与技能、过程与方法、情感态度与价值观三维目标的达成……这些渗透在教师的教案里，弥散在教学设计、教学案例、教学论文里，成为教师教学准备、教学研讨、教学反思等活动中使用最频繁、最具说服力，也最显先进性、时代性、前瞻性的活跃语汇。然而，只要深入教学现场，我们就会发现绝大部分教师的教学还是以教师讲解为主，学生用耳听、用笔记，很少有真正的活动。学生以书本知识为主，按部就班，机械训练。即使公开课、展示课，也不过是多问一些问题，多分一些小组，进行一些所谓的合作、讨论、互动。事实上，还是教师牢牢掌控着教学过程，学生没有足够的自主活动、自由思想的权利和空间。

事实上，教师还没有真正把握新的现实条件、新的教学语境中教学活动的内在规律，教师对教学活动的态度、观念以及从事教学活动的信念与专家倡导的理论存在着巨大的差异。

核心素养理论的提出，显然有扎实的现实基础。张华教授认为，我国最重要的课程改革有两次：一次是 1922 年的新学制与新课程改革，另一次是 2001 年的新课程改革。1922 年的新学制与新课程改革系我国历史上第一次教育启蒙和教育民主化运动，它既是新教育改革运动的有机构成，又是 20 世纪初世界教育民主化运动的组成部分。2001 年的新课程改革是我国在千年转换时期为实现素质教育理想并最终完成教育启蒙和教育民主百年大业的又一次努力。这次课程改革大致可分为两个阶段：2001—2014 年为第一阶段，旨在构建我国素质教育课程体系；2015 年以后为第二阶段，旨在构建我国信息时代的课程体系。正是在这样的背景下，教育部自 2015 年初开始，借鉴国际课程改革的先进经验，直面我国基础教育的紧迫问题，确立了以发展学生核心素养为目标的课程改革方向。可见，核心素养理论的提出，一方面坚持了素质教育的方向和理念；一方面回应了信息时代对个人、社会和教育发展提出的新挑战。

崔允漷教授曾经做过这样的分析："素质教育"一词花了 10 多年时间才被大多数人艰难地接受，而与"素质"差不多同义的"素养"为何一下子如此"火热"? 除了我国官方或政策的强势宣传之外，可能还有四个方面的原因。一是认知基础。20 多年来，特别是以素质教育为旗帜的我国第八次课程改革的实施，使得人们在素质教育的价值层面达成了最大的共识，因此非常容易接受"素养"一词。二是与传统接轨。"素养"一词在东方特别是中文语境中一直是比较被称道的词，它本来就是一个教育概念，如文化素养、艺术素养等。从某种程度上说，作为教育概念，"素养"要比"素质"更易被人认同，因为“素质”还包括先天、非教育的因素。三是国际影响。国际同行自20世纪90年代起就在讨论“素养”问题，我国教育学者为与国际教育话语体系接轨，自然也会改变自己的教育话语。四是时机合适。最近几年，经济合作与发展组织在全球实施的，评估阅读素养、数学素养与科学素养的PISA测试进入我国，代表中国参加测试的上海15岁学生，取得两次摘冠、三项全能的素养佳绩，这一鼓舞人心的国际评估结果极大地刺激了国人对“素养教育”的追求。因为有了这样的现实基础，核心素养理论和以往影响我们教学的各种理论相比较，就更加深入人心。对于现实的教学而言，至少在以下三个方面具有超越性的意义。

（一）教学的教育性

教学必须借助某种文化内容的习得（学力的形成），与作为生存能力的人格的形成（教学的教育性）联系起来。从我们对核心素养的定义中可以看出，核心素养理论既重视关键能力，又重视必备品格，这必将对教学现实产生积极的意义。

德国教育家赫尔巴特在“教育的最高目的是道德”的价值定位下，提出了“教育性教学”的著名论断。赫尔巴特认为，不存在没有教学的教育，也不存在没有教育的教学。“教育性教学”就是指作为“思想圈”的形成的“教学”有助于作为“陶冶德行”的“教育”，而“教育”受到“教学”的支撑，才成为各自本来意义上的“教学”与“教育”。换成更易理解的语言来说，“学力”是同作为生存能力的“人格”联系在一起的，这种“学力”被称为“能动的学力”。确实，“能动的学力”是借助解释、设想、验证等来展开自己的生存世界的一种活动，这种形成过程对于儿童而言，不是单纯的苦役的连续，而是受基于生活需求的真正的学习积极性所支配的。

教学的过程其实是向人传递生命气息的过程，人才是教学的本体价值所在。日本著名教育家、全人教育论专家小原国芳在《完人教育论》中写道：“我只想把出发点归之于‘人’，回到人，只进行人的教育，这样的教育才是真正的教育。”教学活动是学校教育的中心工作，理应顺应时代发展的要求，努力使学生成为他自己，成为与一定社会环境相适应的具体人，而不是被概括、被物化的抽象人。从这个意义上说，教学方式的转变就不再是方法、技术和技能层面的改变，而是教学价值观的变革：尊重每一个学生个体的存在价值，找回“迷失的自我”，促进“人”的发展。这才是有教育性的教学。

（二）教学的在场性

“教”与“学”是教学活动中一对最重要的关系。在这对关系中，“学”无疑处于核心地位，“教”是为“学”服务的。在传统的语境中，“学”又通常是与“习”紧密相连的。所以，对教学活动中“学习”的认识，能够反映对教学本质的理解。人文主义学习观重视学习主体经验，认为学习的本质在于“意义”，是个人意义的发现或主体意义的形成。我们要注意到，这里的意义有社会意义和个人意义两种。社会意义是指已经确立起来的，不能为个人随意地解释的意义。传统的学校教育中的学习就是正确地获得这种社会意义。在现代的学校教育中，个人意义特别受到重视。个人意义指的是学生发现种种事件与观念同自身的关系。学习是意义的建构，意义不是由教材或者教师等外在的权威赋予的，而是经由学生自身引申出来的。

苏格拉底的“产婆术”至今仍为教育领域津津乐道。“产婆术”源于苏格拉底的“先天观念”。在他看来，人的观念是天生的，不是后天培育的。因此，教师的教学就类似于产婆将胎儿引出，产婆无法由外而内地赐给产妇婴儿，只能由内而外将婴儿接生下来。苏格拉底拥有知识，但他并不教授真理，而是让学生接受他的帮助，凭借自己的力量去探究真理，产出真理，抵达真理的彼岸。换言之，必须有学生个人的在场的教学，才能使学习真正发生。或许在教师和其他人的眼里，这个在场充满了错误、错觉，充满了事实的不完全解释，但对于学生来说，这个在场是他能够知道的唯一的现实。在场通常是与学生自身相关的，所以学习总是离不开自我。没有了学生的在场，就一定不会有学习发生。

夸美纽斯认为，传统的教学方法就是“用别人的眼睛去看，用别人的脑筋去使自己聪明”。教师传授的仅仅是带着坚硬外壳的明确知识，学生难以打破知识的外壳，不能获得知识中有价值的内核，当然无法将其内化成为自己的知识，自然无法形成自己的能力和素养。核心素养理论重在引导学生自己去发现知识，而且把发现的知识通过经验的能动再建或者统整视为真理。这种经验的能动再建或者统整之能量，英国哲学家波兰尼谓之“默会知识”，而“默会知识”代表着在场的学生个体真正的学习和理解。

（三）教学的交互性

在教学中，学生与教材如何相遇？学习什么？怎样学习？在这些问题上，教师起着十分重要的引导作用。收集信息后生硬地传递给学生，这样机械的行为对教师而言并不困难。真正困难的既不是呈现教材，也不是提供信息，而是帮助学生发现、理解教材的意义，并且付诸行动。为了探究意义、发现意义，学生和教师之间的交互作用就显得尤其重要。

核心素养理论十分强调学习共同体的创建，意在通过师生之间、生生之间的交互作用，通过个人知识和学科知识的对话互动，使教学的过程成为学生核心素养生成的过程，使教学和学习的过程成为知识创造的过程、真理发现的过程。

教学活动是借助教材、教具等媒介而展开的活动，是师生、生生之间的交互活动，这一过程中浸润着对话性实践。学习共同体的教学从本质上说就是一种对话性实践。日本学者佐藤学把这样一种学习界定为三个维度的对话性实践。第一维度是同客观世界（题材、教材）的对话性实践。这种实践是认知性、文化性的实践。第二维度是同教师与伙伴的对话性实践。学习绝不是单枪匹马，而是通过师生之间的沟通来展开的。这种实践是人际性、社会性的实践。第三维度是同自身的对话性实践。学生不仅同题材、教师以及课堂里的伙伴展开对话，而且在同自身的对话中形成自我的主体性来展开学习。这种实践是自我内在的存在性实践。

这样看来，学习就是同客观世界对话、同他者对话、同自我对话的交互性实践，是以三位一体的方式来寻求建构世界、建构伙伴、建构自我的对话性实践。

第四节 初中地理核心素养

教师真正理解核心素养的内涵，是教学中做到有的放矢培养学生核心素养的前提。

初中地理核心素养是指学生通过地理学习而逐步形成的关键能力、必备品格与价值观念，主要包括人地协调观、综合思维、区域认知和地理实践力。地理核心素养的四个组成部分是一个相互联系的有机整体，有其内在的逻辑关系。综合思维、区域认知体现的是地理学的两种基本思维方式和能力，地理实践力体现的是地理学的意志品质和行动能力，三者是对地理学基本概念原理、认知规律和分析方法的归纳与总结，位于地理学方法论的层面。人地协调观是人们对人地关系秉持的正确的价值观念，具体反映在看待人对地的影响、地对人的影响、人地和谐等问题所持的正确见解和观点上。人地协调观可以理解为地理学基本概念和方法更为上位的思想观念，对综合思维、区域认知和地理实践力具有统摄性，在地理核心素养体系中居于核心地位，为综合思维、区域认知和地理实践力提供上位的方法论依据。人地协调观在初中地理教育中具有重要意义和作用，纵观整个初中教育体系，其实都是围绕人地关系这一核心展开的。

一、人地协调观的内涵

人地关系是人类与地理环境的关系，它是客观存在的，在不同的历史阶段有不同的表现。在古代，自然界占主导地位，人类适应自然，形成地理环境决定论；在现代，人类的因素占主导地位，人类统治自然，形成人类中心主义；在后现代，人与自然和谐发展，尊重自然，形成人地协调观念。目前，人地协调发展的思想已经深入人心。

人地协调观从人地关系的角度看，可概括为地理环境对人类的影响、人类对地理环境的作用、协调人类与地理环境的关系等三个重点。

（一）地理环境对人类的影响

地理环境是人类生存发展的基础，可以为人类生存提供物质和能量，是人类发展的基础，对人类的影响是巨大的。随着社会的发展，地理环境的物质和能量参与人类的生活和生产过程中，发挥出它对人类发展的有利或不利影响。自然地理环境包含地貌、气候、水文、土壤、生物等要素，每个自然地理要素背后都有其复杂的特性规律和演化过程；自然地理环境各要素在不同区域的差异性，使区域的生活、生产方式各具特色，各不相同。自然地理要素之间相互依存、相互渗透、相互影响，地理环境整体性的特征显明，人类活动要遵循这一规律。自然灾害不同程度地破坏人类的生活、生产设施，影响人类发展的速度和质量，人类发展中要摒弃“征服自然”的错误观念。

（二）人类对地理环境的作用

随着生产力水平的提高和人类主观能动性的发展，人类活动对地理环境的影响不断增强，影响面不断扩大。人类主动地适应环境、改造自然、开发利用自然条件和自然资源、规避自然灾害，面对不合理利用带来的资源环境问题，采取措施进行防御，对环境进行保护、治理等，充分体现人类活动对自然环境的影响。

人类通过修建道路、建设城市与乡村以及发展农业、工业等产业活动已经改变了地球初始的状态。人类对地理环境的影响也有不利的，如毁林开荒、过度放牧、过度樵采等，人类活动违背自然规律时，地理环境问题就会出现，人类也将受到大自然的惩罚。人类要想进一步高质量发展，就要对出现的环境问题进行治理，并且在发展中总结经验教训，尽量不要破坏地理环境。

（三）协调人类与地理环境的关系

社会不断发展，生产力水平不断提高，人类对地理环境的改造、利用程度不断提高，环境问题越来越突出。充分认识自然发展的规律，保护自然，实现人与自然的“双赢”，是协调人地关系最重要的目标。

人地协调观作为地理核心素养的重要组成部分，是立德树人在地理学科育人价值的重要体现。初中地理教学中培养学生的人地协调观，要结合初中地理课标相关内容对人地关系的三个角度进行展开和深入解析，构建自然观、人口观、资源观、灾害观、环境观和发展观等。比如：通过自然环境中的物质运动与能量交换等相关内容，培养学生正确的自然观、资源观；通过我国和世界人口数量增长和分布特点、人口问题及影响、环境承载力和人口合理容量等相关内容，培养学生正确的人口观；通过全球气候变化问题及影响、水土流失、荒漠化问题及生态环境的恶化等相关内容，培养学生正确的环境观；通过区域资源的合理开发、区域环境保护、区域生态环境修复、可持续发展的基本内涵等相关内容，培养学生正确的发展观。

教学实践中，教师还要避免将人地协调观仅仅理解为可持续发展观或人地关系的和谐，这样的认识是较为片面的，把人地协调观的内涵窄化了。

人地协调观是地理学科的基本价值观念，是地理教育的灵魂和核心。我国的国家建设也在逐步落实人地协调的发展观念，将人地协调发展摆在非常重要的位置上，推进美丽中国建设，构建科学合理的城市化格局、农业发展格局、生态安全格局，推动建立绿色低碳循环发展的产业体系，逐步形成人与自然和谐发展的现代化建设新格局。“绿水青山就是金山银山”，我国生态文明建设的实践证明，只有尊重自然，树立人地协调观，协调好经济发展与环境保护的关系，才能实现经济的可持续发展。

二、综合思维的内涵

地理环境是自然和人文组成的一个综合体，随着时间不断发展变化。地理学研究地理环境不仅要研究各个组成要素，更重要的是把地理环境作为统一的整体，综合研究各要素之间的相互作用、相互关系，以及地理环境的特征和时空变化规律。地理学的综合性特点，要求人们在研究和认识地理环境时具备综合思维。

《义务教育地理课程标准（2022 年版）》中指出，综合思维是指人们综合地认识地理环境及人地关系的思维方式和能力。综合思维作为一种思维方式，强调整体观念（要素关联）、时间观念（发展变化）和空间观念（区域特性）。本书从要素的综合、时空综合和地方综合三个方面解读其内涵。

（一）要素综合

地理环境是由多种要素组成的，地理要素之间是相互作用、相互影响的关系，形成地理环境的整体性特征。要素综合包括两个要素的相互关系、多个要素的相互关系、地球表面全部要素的相互关系三个层次。

（二）时空综合

地理环境是自然历史发展的结果，地理事物和现象不断发展和演化，不同时空尺度上，地理事物和现象具有不同的表现形式和特征。用动态的观点研究地理事物和现象，发现其发生、发展及演化规律，是地理学本身发展的需要，也是地理学在国家建设、区域开发中发挥重要作用的需要。

（三）地方综合

地方综合对应了地理学研究的区域性特征。通过对某一区域的地理环境要素及时空变化的分析，可获得对人地关系地域系统的地方性解释。地方综合是一个地方或区域各种自然要素与人文要素相互作用形成的整体特征。各地方之间会表现出明显的差异性。

要素综合、时空综合、地方综合不是割裂的，而是相互联系的。地理要素的综合总是建立在一定的地方和时空上的分析，区域的地理要素也会随着时间的推移不断发生变化，即要素综合离不开地方综合和时空综合。同时，时空综合需要通过具体要素综合、地方综合来体现。脱离要素综合和地方综合，单独分析时空综合是没有意义的。一个区域通过各地理要素的综合才能形成一个整体，把区域作为一个整体，才能有效分析和解决相关区域的人地关系问题。一个区域的特征及人地关系也会随着时间不断演变，即地方综合是要素综合和时空综合在一个区域的具体体现。综合思维的三个方面是看待地理事物或现象的基本视角，对于不同的地理问题，基于不同的目的，可以从不同视角进行分析。

理解综合思维的内涵，有利于地理教师增强对综合思维的认识，有效开展综合思维的教学实践，从而改进地理教学；有利于帮助学生建立综合思维，完善地理学科思维，提升地理学习效果。

三、区域认知的内涵

地理是研究人类生存空间的一门学问，注重地理事物的空间分布和空间结构，注重阐明地理事物的空间差异和空间联系，并致力于解释地理事物空间运动和变化的规律。地球表面上的一切地理事物、地理效应和地理过程，统统发生在地理空间之中。从空间视角对这些地理现象的分布格局和空间关系进行透视，有助于人们正确认识地理环境发展中的空间关系，如空间位置、形态、组成、层次、排列、格局、联系和制约关系等，而上述认识将进一步引导人们深入思考人类如何生活在地球上。

认知能力亦称认识能力，指学习、研究、理解、概括、分析和创造的能力。从教育学角度看，认知能力指学生掌握和运用知识以及分析解决各种问题的能力。

区域是人们按照一定的指标划分的一定范围的地理空间，包括水平与垂直两个方向。区域认知是指人们运用区域的观点（或视角）和方法认识地球表面复杂多样性的思维品质与能力。根据以上界定，从以下三个方面解读区域认知的内涵。

（一）具有从区域的视角认识地理现象的意识

从“空间-区域”的维度上探寻地球表面复杂多样性的潜在空间秩序、空间规律是区域认知的基本内涵。

地球表面是复杂多样的，各区域都有其独特性。将某一地理要素特征作为指标，可以将地球表面划分成不同区域。比如，地球表层海水的温度，由低纬度向高纬度递减，就是从纬度的空间尺度认识其空间规律；海水温度的空间变化还表现为从表层到深层垂直方向的变化。

（二）认识区域特征

区域认知是地理学基本的认知方法，认识区域的核心是把握区域特征，主要从位置、地形、气候、水文、生物、土壤、矿产等自然因素和人口、经济、交通、商贸、旅游、城市等人文因素方面进行概括。认识区域的要素也有一定的方法和规律。比如，某区域地理位置的描述，可以根据区域图分析其纬度位置、海陆位置等特征，还可以把选定区域与周围区域就方位、相邻关系等方面进行比较和联系，总结出相对位置特征。

认识某一区域特征，首先要把握各地理要素的显著特征，然后筛选出与显著特征相关的信息并进行综合，总结出该区域的要素特征。比如，通过青藏高原的地形图总结其地形特征，就要根据等高线数值确定最显著特征“高”，然后细致分析，确定地形类型、地势的起伏状况、地形的空间分布特点等，这是认识某区域地形特征的方法。

认识区域，还可以通过对不同区域的各地理要素进行比较的方式，对比不同区域的差异。可以选择某一地理要素进行比较，也可以比较自然因素和人文因素，找出差异最大的因素，总结其差异性特征。

区域认知主要是运用区域综合分析、区域比较等方式来认识区域特征和区域人地关系。

（三）评析区域开发的品质或能力

在认识区域特征的基础上，还要能够评析区域的自然条件、社会经济条件对区域开发利用的影响，能够用正确的地理观念作出评析和价值判断，形成区域开发因地制宜的发展策略。

区域认知即依据某一地理要素特征，划分成不同的区域范围，能够对区域内或者区域之间要素的地理分布、地理特征、地理成因、地理过程进行综合分析或比较，能够对区域发展条件进行评析的品质或能力。

四、地理实践力的内涵

地理实践力最早在 1992 年《地理教育国际宪章》中提出。2016 年《地理教育国际宪章》中提出："地理教育不仅带给人们21世纪的核心技能，而且带给人们与众不同的探究工具。"特别强调了地理实践力对于21世纪发展的重要性。

《义务教育地理课程标准（2022年版）》中指出："地理实践力指人们在地理实验、社会调查、野外考察等地理实践活动中所具备的行动力和意志品质。"地理实践力除了包括地理实践能力以外，还包括相关价值观和行动意识，并落脚在增强社会责任感上。

地理实践活动是地理学研究中获取地球表面属性和特征数据的主要方式，其形式多种多样。地理实践活动主要包括野外考察、实验、调查三种形式。这三种实践活动能够让学生走进真实的自然和社会大课堂，不仅能在真实的世界中感受知识和规律，还可以与自然、社会互动，感受大自然，加强责任感。

考察指让学生走进大自然，对自然事物进行观察、测量、取样、论证等活动。通过学生的感受，激发兴趣，触动热爱自然的情怀；读懂自然，学会生存和防避灾害的能力；学会野外辨识方向、野外定位等技能，解决实际问题。

实验指在校园的模拟实验室或者野外实习基地的真实环境下进行的模拟实验。通过模拟实验，在动手、动脑中培养观察、记录、分析的能力，提升科学品质。

调查指通过问卷调查、采访、调研等方法，深入了解真实的社会现象，发现问题、解决问题，认识社会现象和规律。学生通过调查，可以接触不同的人群，培养人际交往的技能，能从不同的角度认识社会问题。

地理实践力是一种行动意志和能力，包含地理实践活动中的能力和地理实践活动中的科学精神、意志品质。地理实践力的内涵包括两个层面：一是完成地理实践活动过程中掌握的技术和方法。二是学生在地理实践活动中所表现出来的科学精神、意志品质。

地理实践活动的能力主要体现在三个方面：

①地理实践活动中获取信息、分析信息的能力。

②设计地理实践活动方案的能力。

③实施地理实践活动的能力。

在地理实践活动中，学生更容易发现问题，并产生强烈的好奇心。在好奇心的驱使下，学生能寻求各种办法找到答案、解决问题，从而体验到快乐，增强积极行动的意识和科学求实的品质。通过地理实践活动，学生将所学地理知识和方法应用到具体的实践中，不断提升其环境适应能力、发现和解决问题的能力、认识自我的能力，获得丰富的地理实践经验和对地理环境的情感体验，磨炼意志，培养独立生存的能力。学生在实践活动中能够感悟地理环境与人地关系，增强社会责任感。

第二章　核心素养视域下的初中地理教学观念

第一节　核心素养视域下初中地理教学目的和任务

初中地理的教学目的是学习地理基础知识和基本技能，培养学习兴趣，培养地理思维和地理素养，使学生能够应用地理知识解释地理现象和解决实际问题。初中地理的教学任务是学习地球、地图、中国地理和世界地理的基础知识，掌握阅读、运用图表的初步技能，初步懂得地理环境各要素之间、人类与地理环境之间的相互关系。

一、初中地理基础知识和基本技能

加强地理基础知识教学和基本技能训练，是初中地理教学的重要任务。地理基础知识是学习地理基本技能的基础，地理基础知识的学习和应用也需要具有相应的地理基本技能，掌握地理基本技能不仅有利于对地理基础知识的理解，更有利于知识的扩展。

地理知识是人类在认识和改造地理环境的长期实践活动中积累的经验和智慧。初中地理教科书中的知识，是根据初中地理教学大纲的要求选择、编写的。它们是地理科学中最基础的部分，是学生在今后的工作、生活和学习中必须具备的地理知识，称为地理基础知识。

地理技能是指学习地理知识所涉及的一系列技能。初中地理技能是根据学生在今后的学习、生产、生活中所需要的地理知识内容，学生的年龄特征和心理特征等确定的，它是地理技能中最基础、最主要的技能，称为地理基本技能。

（一）初中地理基础知识

初中地理基础知识是由地球、地图、中国地理（概述、分区）和世界地理（概述、大洲、国家地理）组成的。主体部分是区域地理。因此，在进行初中地理教学时，必须突出区域地理的特点，运用区域地理的研究方法。

可以从认识过程和阶段把初中地理基础知识划分为地理感性知识和地理理性知识两类。

1. 地理感性知识

初中地理感性知识是反映地理事物表面特征和外部联系的地理事实，是人们对地理事物直接感知而获得的知识。根据知识反映的内容，可以分为以下几类。

（1）地理分布

地理分布指地理事物在地球表面上的位置。例如，纬度位置、海陆位置、海拔高度、坡向、地理事物间相对位置等。地理分布是产生地域差异的根本原因，是形成空间概念的基础。在地理教学中，学生主要从地图上获得地理分布的知识。

（2）地理景观

地理景观是反映地理事物景色或外貌的知识，是人们对地理事物初步的、表面的认识。例如，地理事物的规模、范围、形态、颜色等。地理景观又可分为自然景观和人文景观。前者如珠穆朗玛峰、白头山天池等图片及课文中的文字描述；后者如鞍钢的高炉群、泰姬陵等图片及课文中的文字描述。地理景观反映地理事物的一般属性，是认识地理事物本质属性的基础，在形成地理概念中起重要作用。学生的地理景观知识，除少数通过野外观察或社会调查直接感知外，主要是通过学习教材，观看图片、幻灯片、电影或录像等活动获得。

(3) 地理现象

地理现象是反映地理事物发展变化时表现出的外部状态和联系的知识，是人们对地理事物变化过程直接的、表面的认识。例如，昼夜的更替、三角洲的增长、人口的迁移、工业区的扩大等。地理现象与地理景观不同，地理现象是从动态反映地理事物变化的外部表现。在地理教学中，学生主要通过课文学习、观看图片、模型等直观教具或实地观察获得地理现象的知识。

(4) 地理数据

地理数据是反映地理事物特征的数量化形式的知识，是人们从数量上对地理事物表面特征的认识。例如，面积 160 万平方千米、海拔 8 844.43 米、降水量 800 毫米等。地理数据知识除少数可为学生直接测得外，绝大多数是从书中或图表中获得的。地理数据是揭示地理事物本质特征或本质联系的重要依据，是形成地理概念和地理规律的基础知识。

2. 地理理性知识

地理理性知识是反映地理事物本质属性（特征）和本质联系的地理知识，对学生认识地理环境起重要作用。地理理性知识是人们对地理感性知识进行思维过程而形成的知识，是地理感性知识的深化与发展。根据地理理性知识反映的地理事物的本质内容，可将其分为以下几个部分。

(1) 地理概念

地理概念是反映地理事物本质属性的知识，它是人们对地理感性知识反映的一般属性进行抽象、概括等思维过程而得出的。初中地理概念是初中地理最主要的基础知识，它不仅反映地理事物的本质特征，而且是学习其他地理理性知识（地理规律和地理理论）的基础，根据地理概念的特点，可将其分为单独地理概念、一般地理概念和集合地理概念。

单独地理概念是反映某一特定地理事物本质属性的概念。例如，黄河、乞力马扎罗山、梅雨等。单独地理概念不能再分出同类地理事物。

一般地理概念又称普通地理概念，是反映同一类地理事物共同的本质属性的概念。例如，地形、气候、城市、工业布局等。这类概念可以分成若干同类的对象。例如，气候可以分成热带雨林气候、热带季风气候、温带海洋性气候、苔原气候等。

集合地理概念是反映某一地区同类地理事物共同的本质属性的概念。例如，亚洲的气候、中国的气候、中国的地形、非洲的地形、英国的工业等。这些概念反映的是某一地区内同类地理事物所构成的整体的特征，而不是这些具体地理事物的本质特征。例如，中国的气候是由东北、华北的温带季风气候、长江以南的亚热带季风气候、海南等地的热带季风气候、西北地区的温带大陆性气候及青藏高原的高原气候组成的。中国气候的本质特征是气候类型复杂多样与大陆性季风气候显著。由此可见，集合地理概念具有明显的地域性、整体性，这正是其与一般地理概念的本质区别。

（2）地理规律

地理规律是反映地理事物运动发展过程中本质联系和必然趋势的知识。地理规律按其性质，又可分为地理联系规律、地理演变规律和地理分布规律。

地理联系规律是反映地理事物之间本质的必然联系的规律。例如，地势决定着河流的流向、流水对岩石有侵蚀作用、交通线能促进工业的发展、人类不合理的开发破坏了生态平衡等。地理联系规律可以反映地理事物间的因果联系、地域联系和结构联系。因此，地理联系规律在认识地理事物成因、区域之间的相互影响以及通过分析各地理要素关系确定区域特征方面，起着非常重要的作用。同时，地理联系规律也是形成地理演变规律和地理分布规律的基础。

地理演变规律是反映地理事物运动、发展的规律。例如，生物季节性和周期性变化规律、人口迁移的规律等。掌握地理演变规律，有助于认识地理事物的运动、变化特点，并预示其发展的趋势。

地理分布规律是反映地理事物分布的规律。例如，气温垂直递减率、自然带的地带性分布规律、火山和地震的分布规律、热带经济作物的分布规律等。掌握地理分布规律，有利于了解地理事物的分布，建立正确的空间概念。

上述三类地理规律，分别从相互联系、时间序列和空间分布上揭示地理事物的本质联系，是认识地理事物的结构特征、成因、空间联系以及预示发展等必须具备的基础知识，在初中地理教学中占有重要地位。初中地理主要讲述了自然地理规律。

（3）地理理论

地理理论是反映地理事物本质特征和规律的系统的地理知识。地理理论是由众多相关的地理概念和地理规律组成的地理知识体系，是系统化的地理理性知识。例如，板块构造学论、人地关系谐和论等。地理理论是更加概括、系统地反映地理事物本质特征和本质联系的地理知识。由于学生年龄和知识水平的限制，在初中地理知识中，地理理论所占比重很小。

（二）初中地理基本技能

初中地理基本技能由地理分析技能、地图技能、地理图表技能、地理观察与调查技能、地理统计与计算技能等组成。从地理教学大纲的基本训练要求看，重点是培养学生的地理分析技能和地图技能。

地理技能可以分为地理活动技能与地理心智技能。地理活动技能是指由一系列合理的、完善的程序构成的，以操作活动方式为主的技能活动，如地理绘图技能、填图技能、有关仪器与模型的使用技能等。地理心智技能是指借助内部语言在头脑中进行的认知活动，是以抽象思维为主的。在认识地理事物的活动中，这些心理活动以一定的、合理的、完善的方式自动地进行。地理心智技能包括地理分析技能、地理观察技能、地理计算技能等。

学习和掌握地理技能，在地理教学中占有重要地位。掌握地理技能，有利于对地理知识的理解。例如，要分析影响气候的因素，就必须先学习有关纬度位置、海陆位置、大气环流、洋流、地形等方面的知识，在此基础上，通过分析影响气候的因素，掌握分析技能。在这个过程中，也加深了对以上各要素之间相互联系、相互影响、相互制约关系的理解。掌握地理技能，是学习地理知识的必要条件。例如，阅读分层设色地形图的技能，就是学习地形知识必不可少的条件。掌握地理技能，有利于学生能力的发展。地理技能的形成依赖于一定的学习能力，已形成的地理技能又可促进地理能力的发展。例如，学生掌握了从水量、水位、含沙量、结冰期等四个方面分析河流水文特征的技能，在以后分析有关河流问题的地理活动中，他们将运用已掌握的分析河流水文特征的技能，去观察、思考、记忆，由此促进了地理能力的发展。因此，技能是从知识掌握到能力发展的中间环节。

鉴于地理知识具有广泛性与综合性的特点，地理技能所涉及的范围也是宽广的、综合的。例如，学生不仅要有观察、分析自然地理环境的技能，而且要有观察、分析人文地理环境的技能，同时还要具有分析人类和地理环境关系的技能。地理技能的广泛性与综合性，与学生年龄特征之间有较大的差距，从而导致了地理技能培养的长期性和持久性。任何一种地理技能的形成，都需要经过有目的、有计划的多次练习。

地理技能是多层次的，各种地理技能有不同的深度与广度，初中地理只要求初步掌握最基本的地理技能。例如，阅读等高线地形图，只要求学生能依据等高线的疏密判断坡度的陡级，依据等高线地形图上的注记判断高程。教师要善于研究各种技能的层次、不同水平的学生在技能训练中的差异等。

1. 地理分析技能

地理分析技能是学习地理的基本技能，依据初中地理教学大纲的要求，初中地理的分析技能主要是分析各地理要素的技能和分析地理特征的技能。

分析各地理要素的技能是指将地理环境分解为各个部分、各个方面或各个要素，以认识各部分、各方面或各个要素在地理环境中的地位和作用的技能。

分析地理特征的技能是指将地理环境的各部分、各方面或各要素连接起来，构成对地理事物整体认识的技能。

分析各地理要素的技能与分析地理特征的技能是地理分析技能的两个方面，掌握分析地理特征的技能的前提条件是具备分析各地理要素的技能，而掌握分析各地理要素的技能的目的是学会分析地理特征的技能。

2. 地图技能

地图是学习地理的重要工具。学会运用地图，可以培养学生的空间思维能力。地图技能是初中地理基本技能中最主要的技能。地图技能可分为读图技能、填图和绘图技能。

（1）读图技能

读图技能的形成遵循由简到繁、由易到难的原则，一般可分为学习阅读地图、查阅地图和分析地图三个阶段。

学习阅读地图是指通过对地图基本知识的学习，会在地图上利用经纬网辨别方向，读出任何地点的经纬度，依据经纬度确定任一点的位置；会使用比例尺在地图上量算距离；会在地图上查找符号和注记，并能掌握一般常用符号阅读地图。例如，在分层设色地形图上，根据颜色识别地表形态、地面高低起伏等。

查阅地图是指能独立地在地图上查找大洲、大洋、国家、山、河、城市等，并能明确其空间位置。离开地图后，能在头脑中再现地图表象。

分析地图是在查阅地图的基础上，理解地图上地理事物的内在联系。只有能将地图上的颜色、符号、方向、比例尺等与已有的地理知识和概念联系起来，说明地理现象的内部联系，才算是真正会阅读地图。例如，阅读长江水系图和长江干流剖面图，分析长江水力资源最丰富的河段。通过读图，明确水力资源丰富的河段即是落差大的河段，落差大小与长江流经地区地形、地势有密切联系，这就揭示了地形、地势与水力资源的关系。分析地图，也要由易到难，由分析单幅地图到多幅地图综合分析。

初中地图以分布图为主，依据其表现形式，可分为一般分布图和等值线图。一般分布图的种类最多，如地形图、人口分布图、民族分布图、资源分布图、水系图、交通图、农业分布图、工业分布图等。阅读各种分布图的技能虽有差异，但也有其共同特点：①应具备有关问题的地理基本知识，这是阅读地图的基础。②会识别各种符号，准确地说明该地理事物的位置、范围。③建立正确的地理事物表象与地图表象之间的关系。④明确地表达地理事物的分布规律和特点等。

下面以阅读分层设色地形图为例加以说明。表示地形的地图有分层设色地形图、等高线地形图等。分层设色地形图是以等高线地形图为底图，在等高线间着上不同颜色，以表示各种地形的海拔高度及地面起伏等。

学习阅读分层设色地形图：第一，学会阅读图中的高度表。高度表由数字和颜色两部分组成。高度以米为单位，海平面的高度为 0 米，陆地上的不同高度分别以绿、黄、褐等颜色表示，雪线以淡紫色表示，海洋则以不同深浅的蓝色表示。第二，掌握各类地形一般海拔高度（海洋深度）与各种颜色的关系。如平原一般在 200 米以下，在分层设色地形图中用较深的绿色表示。浅绿色一般表示平原边缘地区，海拔高度一般大于 200 米小于 500 米，亦称高平原。黄色至深浅不同的褐色，则表示山地、丘陵和高原等地形。第三，建立正确的地形表象与地图表象间的联系，以加深对各地地形特征的理解。例如，学生通过观察图片、看电影或实地考察，对丘陵的形态、特征在头脑中形成了一定的表象（较小范围的具体形象），当阅读分层设色地形图时，通过文字和颜色看到江南丘陵时，在头脑中首先出现的是观察时所得到的形态表象，然后才是长江以南广大地区分布的丘陵地形（大范围的空间分布），这就是地图表象。当阅读分层设色地形图的技能掌握熟练之后，再谈到江南丘陵时，首先想到的是地图上长江以南广大地区的丘陵地形，即地图表象，然后才是具体的地形表象。第四，会正确说明山脉的延伸方向、各种地形的相对位置关系及地形的分布等。

在技能形成的过程中，要注意纠正个别学生的错误概念。例如，有的学生将表示平原的绿色误解为森林和草地，将表示山地、丘陵、高原的黄、褐色误解为是一片沙漠或荒山秃岭。

初中地理涉及的等值线图有等高线（等深线）地形图、等温线图、等降水量线图等。等值线图是利用一组等值线表示某种地理现象在空间上分布的一种方法。等值线图是依据抽象的数值绘制的，初中学生较难掌握。学习等值线图，应辅以立体教具或实验。

掌握阅读等值线图的技能，要从分析等值线的密度、形状和走向入手，依据阅读内容，进行判读。在一般情况下，等值线图上的等值线数值间隔保持一定的常数，这样就能够根据等值线的疏密程度判断地理现象变化的急或缓，根据每条等值线的读数确定某地的数值和地区间的数值差。如在等高线地形图上，等高线密集，表示坡度陡峻；等高线稀疏，表示坡度缓和。在等温线图上，等温线密集，表示气温地区差别大；等温线稀疏，表示气温地区差异小。根据等温线图上标注的数值，可以知道地区间的数值差。如果需要分析地理现象的形成原因，则需要研究等值线的延伸方向及弯曲状况，在阅读等值线的基础上，说明地理事物分布规律。

（2）填图和绘图技能

填图和绘图是培养地图技能的一种手段，通过动脑、动眼、动手可巩固和深化已学过的地理知识，提高空间思维能力，培养填图和绘图技能。

初中地理中的填图，以填写各种地理事物的名称、数据等内容为主。填图首先要求准确，其次是规范、整洁、美观。

初中地理对绘图的要求主要是学会用方格缩放法绘制地图。用方格缩放法绘制地图，应正确理解缩放倍数及图中所画辅助方格的多少。

3. 地理图表技能

地理图表以简明的图像和符号表示地理事物的特征、地理要素之间的联系、地理事物的演变过程及地理事物的形成原因。地理图表技能是重要的地理技能，有利于学生观察能力、思维能力和空间想象能力的培养。地理图表技能包括阅读地理图表技能和绘制地理图表技能。

（1）阅读地理图表技能

阅读地理图表技能依据其表现方式，可分为三种。

阅读景观图。景观图是表示各种自然、人文景物的照片、图片等，它反映地理事物外部特征，有利于增加感性知识，加深对地理要素之间联系的理解。阅读景观图首先应根据图名阅读图中主要地理事物的特征，然后分析主要地理事物与地理环境其他要素之间的联系。例如，读彩色黄土高原的梯田景观图。近景是夏季的梯田，在人工改造的黄土高原上发展了耕作业。远景似尚未开垦为梯田，但无树木、森林等植被。在图中还可观察到这里长期被流水侵蚀切割形成的黄土沟壑，水土流失严重。梯田一直延伸到山顶，加剧了水土流失。控制水土流失最有效的生物措施是植树、种草，可把以耕作业为主改变为以林牧业为主。

阅读示意图。示意图是用简单的图形说明地理事物分布、地理事物形成和发展的过程或地理原理等。示意图有利于对地理理性知识的理解。阅读示意图应明确题意和各种符号的含义，围绕中心问题进行分析，得出结论。依据示意图所反映的内容，又可分为几种：一种是过程示意图，说明地理事物形成和发展过程，如岩石的剥离作用发展示意图、大陆轮廓形成过程示意图、热带雨林气候区的天气示意图等；一种是地理事物原理示意图，如断层示意图、地形雨示意图、锋面降雨示意图等；还有一种是经济联系示意图，如世界石油的海上运输路线图、日本主要矿产资源来源示意图等。教学大纲的基本训练中涉及的示意图种类较多，繁简不同，难易不同，应根据内容特点，进行阅读技能的培养。

阅读地理统计图表。地理统计图表是地理数据的表现形式，具有形象化的特点。初中地理常用的统计图表根据形式不同，可分为统计图和统计表。统计图有曲线图、柱状图、扇形图等，如气温曲线图、降水柱状图等。统计表有比较表和一览表等，如巴黎、马赛月平均气温和年平均气温比较表，东京、平壤、乌兰巴托的气温、降水一览表，非洲各国家和地区的面积、人口、首都一览表等。

（2）绘制地理图表技能

绘制地理图表可以巩固、深化已学的地理知识，培养绘制地理图表的技能技巧。初中地理主要是绘制曲线图、柱状图、扇形图、地形剖面图和制作比较表。

4. 地理观察与调查技能

地理观察与调查是学生有意识、有目的地了解地理环境和人地关系的基本途径。观察与调查不仅能巩固和加深理解已有的地理知识，而且能增长新知识，发现新问题，对培养学生的学习兴趣、激发学生的学习积极性、培养学生的能力具有重要的意义。因此，培养学生的地理观察与调查技能，是地理学习的重要任务之一。

地理事物的广泛性为地理观察与调查提供了丰富的内容。如在课堂内，可对地理图表、地理模型、地球仪、各种地理标本、地理影片等进行观察；在课堂外，无论农村还是城市，都可进行自然地理和人文地理有关内容的观察与调查，如对所在地区地形、河流、运输、贸易、环境污染等进行观察与调查。

进行地理观察与调查要目的明确、重点突出，每次观察的内容不宜太多。进行地理观察或调查前，教师要认真编写观察或调查提纲，提纲应按观察对象各要素的构成编写，并应注意观察顺序。例如，对山地地形的观察，应包括海拔高度、相对高度、坡度、顶部和沟谷状况等。要让学生独立地观察、做好记录。完成观察或调查后，应认真整理资料，分析问题，提出自己的意见。由于观察或调查均是对局部的、小范围的地理事物进行的，总结时应将其与一般的地理概念或规律联系起来，纳入已有的知识体系。

观察与调查可以是集体组织的，也可以是个人单独进行的，要视其内容而定。

5. 地理统计与计算技能

地理统计与计算是依据地理数据认识地理事物的特征或规律。初中地理中有长度、高度、温度、人口密度、增长率等的统计与计算。

掌握地理统计与计算技能，可促进已有知识和概念的深化，获取新知识，提高能力。例如，依据观测，可积累每日气温的变化数据，根据每日数据，可推算出日平均气温、日较差、月平均气温、年较差等。依据这些推算出的新数据，可深入研究气温变化规律，进一步观察、研究新问题。

二、地理能力

地理能力是多种能力的总和，如观察和调查地理问题的能力，认识和分析地图、景观图、剖面图的能力，地理事物的记忆能力，对地理问题的分析、判断能力，等等。地理能力可以分为地理认识能力和地理活动能力，在地理教学活动中，应促进两种能力协调发展。

（一）地理认识能力

地理认识能力可依据认识阶段的高低划分为几个不同的层次。

地理认知能力，是指对地理环境的观察、认识能力，对地理事物的记忆能力，对地理资料的阅读和理解能力，对地图、地理数据、各种地理图表的阅读能力等。这是最基本的能力，是培养高层次能力的基础。

地理推理能力，是指在掌握地理事实材料的基础上，通过分析、综合，认识地理事物的特征、规律及其形成原因的能力。

地理应用能力，是指运用已有地理知识学习新地理知识的能力；根据协调人地关系的原则，运用地理规律、地理理论对地理问题进行评价的能力；运用地理知识，正确处理自己与环境关系的能力。

地理创新能力，是指运用地理知识，对某一地理事物或某一地区提出较完善的合理规划和合理利用的意见的能力。这是最高层次的能力。

以上四种能力，虽处于不同层次，但它们是相互渗透、不能分开的。初中地理能力的培养重点是地理认知能力，辅以地理推理能力和地理应用能力。

（二）地理活动能力

地理活动能力是在地理活动实践，如绘图、使用地理仪器、野外考察、社会调查、查阅和收集地理资料等活动中表现出的能力。

地理能力是在地理学习活动中形成的。由于个人认识、记忆、思维等的差异，在同样的地理活动中，每个人形成的地理能力是不同的。

在地理教学中，要把学习地理知识、训练地理技能、发展地理能力有机地结合起来，促进其共同和谐地发展，这是培养地理学科能力的基本途径。

三、思想教育

思想教育是地理教育的内容之一，它同学习地理知识、训练地理技能、发展地理能力共同构成了地理教育的整体，是地理教学的一项重要任务。进行思想教育，必须和地理教材内容紧密结合起来。初中地理思想教育主要有爱国主义教育、国际主义教育、辩证唯物主义教育、历史唯物主义教育等。

(一) 初中地理思想教育的内容

1. 爱国主义教育

丰富的地理知识是进行爱国主义教育极为有利的条件。教师应通过初中地理的教学，培养学生民族自尊心和自豪感，增强其自信心和责任感。在地理教学中，应从以下几方面进行爱国主义教育：

第一，进行维护祖国领土和主权完整、维护民族团结和祖国统一的教育。应贯穿在领土问题、边界问题、岛屿归属问题、民族问题等内容中。

第二，进行爱人民的教育。我国古代至现代的各项著名水利工程（如都江堰水利工程、京杭运河等）、农牧业优良品种的培育（如三河马、三河牛、滩羊、伊犁马等）、土地的合理利用（如基塘生产）、各地区不同的耕作制度、长期以来形成的农作物在全国的分布等，都是我国人民认识地理环境、遵循自然规律、利用和改造环境的成果，是我国各族人民智慧的结晶。

第三，进行保护地理环境的教育。应帮助学生了解我国环境、资源、人口的特点，有利条件和不利条件，各自的发展规律以及如何协调它们之间的关系等，以树立正确的环境观、资源观和人口观。我国土地资源、气候资源、森林资源、草场资源、水资源、矿产资源状况，开发利用资源的经验和教训，我国人口的数量、分布和素质，我国人口与资源环境的关系，都是进行这方面教育的极好素材。

第四，进行热爱祖国的教育。中华人民共和国成立以来，我国工业、农业、交通、贸易、城乡建设的巨大成就是进行爱国主义教育的重要内容。

第五，进行有关地理环境问题基本国策的教育。如通过人口政策、国土政策、森林法、环境保护法、土地管理法、水法等，帮助学生了解有关的条例和内容，培养学生政策观念。

第六，进行热爱家乡的教育。热爱家乡是热爱祖国的具体体现。学习乡土地理，有利于对家乡的地理环境进行深入了解，增强亲切感。教师应引导学生为家乡建设提建议、做贡献，培养他们热爱家乡、关心家乡发展、为家乡建设效力的思想和感情。

2. 国际主义教育

国际主义教育的内容随着国际形势的变化和时代的发展不断充实和丰富。

爱国主义和国际主义是紧密联系在一起的，中国的发展和进步是世界发展和进步的一部分。中国是世界的重要组成部分，在世界上有举足轻重的影响。

应帮助学生树立全球性的环境观、资源观和人口观。随着科学技术进步和交通运输事业的发展，人口问题、资源问题、环境问题愈来愈超越地区和国家的界线，成为国际性的问题。例如，河流、海洋、气候等资源的开发、利用、保护，人口的增长与迁移，热带森林过度采伐对气候、土壤、水文的影响等，虽然发生在一个国家或地区，但影响的范围却遍及世界。

3. 辩证唯物主义教育

应帮助学生树立辩证唯物主义的世界观，正确认识地理环境的特点与发展变化规律。地理教学中，应从以下几方面进行辩证唯物主义教育：

第一，地理环境中的各要素都是物质组成的，它们以不同的形态存在着。例如，地球存在的宇宙环境，包围着地球的大气，以各种形态存在的水体——海洋、河流、地下水、冰川等，构成地表形态的高原、山脉、平原，各种不同颜色、不同性质的土壤，农、林、牧产品，城市与乡村，道路与各种运输线，等等，这些无一不是由物质构成的。

第二，各种地理事物都按照一定的方式不停地运动。例如，地球的公转与自转，地表物质的侵蚀、搬运和沉积，各种水体的运动，大气的运动，商品的交流，等等。

第三，各种地理事物的变化是有规律的。例如，昼夜变化，四季变化，气温和降水的变化，森林与草原的荣枯，村镇与城市的形成与发展，人口的迁移，等等。人类一切活动都要遵循地理环境中各要素的变化规律，正确处理人和地理环境的关系，顺应地理环境各要素的演变规律，如若违背规律，必将受到地理环境的惩罚。

第四，各地理要素之间是相互联系、相互影响和相互制约的。例如，河流的水文特征是与地形、气候、植被等因素联系在一起的，并受它们的影响和制约。钢铁工业的发展涉及的因素更多，如矿石的数量与质量、焦炭与电力、水源、运输状况、劳动力的素质、技术条件、周围环境的排污能力、附近农业生产状况、厂区的地质条件等，均是影响和制约钢铁工业发展的因素。

第五，地理环境各要素的发展变化是由事物内部的矛盾引起的。例如，地形变化是内力与外力共同作用的结果，而内因是起主导作用的；大气环流形成的根本原因是地球表面各地受热不均；等等。

第六，地理环境各要素的发展要经历量变和质变两个阶段，发展阶段不同，各地理要素的状态不同。例如，岩层受力产生形变，形成褶皱；受力继续加强，当超过岩层所能承受的能力时，则产生断层。地理环境发展中，有些问题的量变速度和方向是可以控制的。例如，在干旱和半干旱地区大量砍伐森林或破坏草原，导致气候变干、沙化面积增大。如果减少破坏，并扩大森林和草原面积，不仅能控制环境恶化，而且能促使环境向良性方向发展。

4. 历史唯物主义教育

在初中地理教学中，应进行下列历史唯物主义教育：

第一，社会生产的发展是决定人们社会生活的主要力量。例如，人口的发展、分布与迁移，资源、能源的利用，工农业生产的发展与布局，城市的发展与分布等，都是主要由社会生产方式决定的。

第二，生产力越发展，人们利用自然的力量就越大。随着社会的发展和科学技术的进步，人们认识自然环境和开发利用环境资源的能力增强。例如，对能源的利用是从柴草开始的，以后发展为大规模利用煤炭、水力、石油，近年来又发展为开发利用核能、太阳能、地热能等。

（二）初中地理思想教育应注意的问题

进行思想教育，应寓教育于教学之中。应该看到，在地理教学中进行思想教育与地理知识教育，二者是统一的。

在地理教学中，要力求将地理概念、原理、规律及各种事实讲解清楚，揭示其本质、内在联系、演变规律等，使学生受到相关的思想教育。例如，如果能以翔实的材料说明黄土高原的水土流失和华北平原的堆积作用，学生就可以理解地形是变化的，变化是有规律的，从而受到辩证唯物主义的教育。在讲授都江堰水利工程时，如果教师能将都江鱼嘴和飞沙堰工程及其在洪水期和平水期的作用讲解清楚，学生定能受到强烈的爱国主义教育，极大地增强民族自尊心和自豪感。

对初中学生进行思想教育，一般应从感性到理性，从学生熟悉的、具体的地理事物进行分析，以利于学生进入积极的思维状态，激起情感的变化。因此，在教学中应尽量向学生提供丰富的感性材料，如图片、数据、事例。如能组织调查、考察、参观、访问，让学生在现实生活中去亲身体验，则对丰富情感、促进思考会起到更积极的作用。

教师应以正确的观点、实事求是的精神、科学的方法和充沛的感情去影响学生。教师的言行对学生有着潜移默化的影响，教师的观点、情感、思想、方法都会不断地渗透给学生。因此，在对学生进行思想教育时，教师的表率作用，教师的情感和观点，都会对学生的成长起重要作用。

第二节　核心素养视域下初中地理教学内容的安排

一、初中地理教材内容

初中地理教材内容是按照地球、地图、中国地理和世界地理安排的。地球知识是认识地理环境最基本的知识，它从地球的形状、大小以及地球运动的特点等方面，说明地球表面因接受太阳辐射的不均匀而产生五带分布的规律，为学生深入学习各地区自然地理特征打下基础。地图知识则是培养学生读认地图、分析和使用地图的基础知识。地图知识又是学习中国地理和世界地理不可缺少的知识。中国地理与世界地理同属区域地理，是反映中国与世界地理特征的知识，是初中地理的主要教学内容。中国地理还包括本省区和乡土地理内容。

从整体了解教材内容的组成和安排，有利于正确认识各组成部分在初中地理教学中的地位与作用。例如，从整体安排中可以看出，中国地理是学生学习区域地理的开端，因此，在教学中要特别注意有计划地教会学生学习区域地理的方法。

从整体掌握教材的安排，也有助于了解各部分教材之间的关系，进而保证初中地理教学整体目的的实现。例如，地图知识是学习中国地理与世界地理的基础知识，反之，在学习中国地理与世界地理时，应用地图的各项教学活动又是深入学习地图知识的过程。这样，就可以将地图知识教学视为一个贯穿整个初中地理教学的过程，从而大大提高地图知识教学的质量。

二、初中地理知识

初中地理知识与实际联系得较为紧密，很多理论都可以在实际生活中找到例证，如太阳、月亮的东升西落印证了地球的自转，一年四季的更替印证了地球的公转，等等。教师在教学过程中，要充分利用学生的亲身体验来进行引导，如讲到环境保护时，不应单纯讲应如何做，应让学生亲身体验家乡黑水河的可怕、废气呛人的滋味，同时让他们写上一份调查报告，这样就能收到更好的效果。

地理知识之间有一定的逻辑联系和规律性，教师要教会学生正确的学习方法，懂得知识间的联系。如在区域地理中，气候一般受地理位置（纬度位置、海陆位置）、地形因素、洋流因素等的影响，气候和地形等又决定了区域的自然特征，而经济特征、人口分布和生活特色又受环境（包括政治环境和自然环境）、交通和资源分布的影响。教师可以总结出区域地理学习的一般规律，让学生掌握学习方法，为他们将来的自主学习打下基础。如讲述青藏地区的特点时，由于前面已讲述了多个区域特点，学生已大概掌握了区域特征分析方法，此时，教师就不应该讲授太多，可列出几个提纲式的引导问题，让学生分小组研究解决，再由教师整理出思路。另外，也可以设立一个地理主题，让学生按小组收集资料，进行讲解。

第三节 核心素养视域下初中地理学科能力的培养

一、问题背景

（一）研究意义

《地理教育国际宪章》指出：地理教育为今日和未来世界培养活跃而又负责任的公民……培养学生提出地理问题的能力、地理信息能力（包括收集、处理、分析、评价地理信息能力）、表达交流能力（包括口头表达、文字表述、图解表达能力）、解决地理问题能力、地理思维能力、地理实践能力等。地理教育有助于培养学生在经济、政治、文化、环境和安全等广泛的项目上与他人进行有效的合作，也有助于培养学生终身欣赏和认识这个世界。

《义务教育地理课程标准（2022 年版）》在课程基本理念中提出：地理课程以提升学生核心素养为宗旨，引导学生学习对生活有用的地理、对终身发展有用的地理，为培养具有生态文明理念的时代新人打下基础。提出培养学生的地理信息加工能力、提出地理问题能力、地理实践能力、表达与交流能力、合作与交往能力等。

为了实现上述课程理念和课程目标，地理教育需要积极、有效地引导学生学习和掌握地理学科的思想和方法，通过系统地学习初中地理课程，逐步形成地理学科能力，增强地理学习能力和生存能力。

学校的教学质量依赖于课堂的有效教学，依赖于课堂教学中对学生地理学科素养的有效培养。地理学科能力是地理学科素养的重要组成部分，是地理有效教学追求的核心目标。

（二）国内研究现状

通过对文献的梳理和分析发现，目前地理学科能力的概念及其分类、地理学科能力的培养及其评价等方面的研究取得了一定的成果。

袁孝亭和王向东在《重视地理学科的核心能力与地理观点培养》中提出，地理课程中的“知识与技能”“过程与方法”目标中，关于地理学科能力有四项具体规定，其中包含四个层级。第一个层级是独立或合作进行地理观测、地理实验、地理调查，掌握阅读、分析、运用地理图表和地理数据的技能。第二个层级为地理信息加工能力，包括搜集、整理、分析地理信息和把地理信息运用于地理学习过程的能力。第三个层级为研究能力，包括提出地理问题的能力、设计探究方案的能力、解决地理问题的能力、实践能力。第四个层级为表达交流能力。地理空间格局的敏锐觉察力，对地理过程的分析、想象与简单预测能力，地理信息加工能力，运用地理知识解决实际问题的能力，是构成地理学科核心能力的主要要素。

张艳梅在《地理学科能力——一个亟待拓展和深入的研究领域》中提出，由于地理学科能力本身的复合性和复杂性，加之学科能力理论研究相对薄弱，实践研究匮乏，使得学科教育专家们对学科能力的建构缺乏坚实的心理学基础和实践依据，不乏交叉和重叠。当前对地理学科能力体系的认识还停留在文献加经验总结或是套用现成理论的阶段，未能形成统一的、为各方所公认的共识。初中地理学科能力应当是地理学科的特殊能力与中学生思维能力品质的有机融合，同时必须充分考虑学生的知识基础、学习策略与学科能力的相互作用。就目前初中地理教学而言，从认知角度上看，地理信息获取与整合，地理判定、解释、预测与评价，地理表述三项能力最能体现地理学科特点和地理学习特点，它们是初中地理学科能力的基本组成部分。地理空间想象与图像运用能力则贯穿于地理认知过程的始终，集中体现了地理学科的特殊认知要求，是地理学科的一般能力。地理思维能力则是地理学科能力的核心，是地理学科能力区别于其他学科能力的关键所在。同时，地理学科能力还具有层次性。复合性和层次性构成了地理学科能力的基本特点。

郑云清在《中学地理学科能力课堂操作分类表编制的思考与实践》中提出了初中地理学科能力的实践取向，认为学科能力研究应把重点放在能力“怎么来”的实践价值问题上。事实上，对于广大教师来说，学科能力精确的概念内涵和外延是什么也许并不重要，更重要的是知道如何有效地进行“能力立意”的课堂教学实践。从课堂实践的角度上看，应把学科能力的研究重点放在学科特有的核心能力上。地理课堂教学实践中最核心、最本质的能力要求应该是地理思维方式。地理问题所具有的时空综合性、地域差异性等特点，决定了地理学科的主要思维方式通常是在抽象思维（狭义逻辑思维）与形象思维（广义逻辑思维）共同作用下的空间思维、整体思维、辩证思维的耦合，即基于图像的空间思维、基于系统的整体思维和基于变化的辩证思维，三者构成了地理学科能力的核心要义。他在此基础上，借鉴布鲁姆教育目标分类学理论框架，提出了基于学生全面发展视角和广义知识视角的地理学科能力课堂操作分类表。

综上所述，学界对地理学科能力的内涵等尚没有统一的定论。基于不同的视角，学者们在地理学科能力的研究上各有侧重。能力内涵与类型的复杂性，决定了人们对地理学科能力的划分标准是多元的、不确定的，客观上造成了地理学科能力的界定缺乏内在的统一性与规范性。显然，对地理学科能力的研究有待深入。

本书探讨地理学科能力的概念和划分，并借此建构地理学科能力体系，为多途径培养学生地理学科能力、有效实施地理课堂教学、科学评价学生的地理学科能力提供依据。

二、地理学科能力的概念、划分与学科能力体系

（一）地理学科能力的概念

能力是指顺利完成某一活动所必需的主观条件，是直接影响活动效率并使活动顺利完成的个性心理特征。地理学科能力是学生基于地理学科基本概念、规律、原理和基本技能，将其运用于实际生产和生活，解决地理问题的能力，具有明确的学科属性。地理学科能力的核心是地理思维能力，包括空间思维能力和综合思维能力。地理核心能力体现地理学科价值观，表征地理学科思想和方法。地理核心能力主要包括地理事物空间结构的认知、地理信

息的加工、地理过程的分析与预测、实际地理问题的解决。

地理知识与地理学科能力是密不可分的，地理知识是形成地理学科能力的基础，地理学科能力的培养和发展则进一步深化地理知识的建构。在地理教学过程中，教师在进行知识传授的同时，也进行学科能力的培养。丰厚的地理基础知识是形成地理学科能力的土壤。

（二）地理学科能力的划分与学科能力体系

基于地理学科能力的含义、地理学科特点（综合性、地域性）和学生认知特点，根据课程标准中“人的协调观”“综合思维”“区域认知”“地理实践力”目标中关于地理学科能力的表述，地理学科能力可具体划分为地理事物空间（地理位置、空间分布）认知能力、地理事物空间运动（空间结构）想象能力、地理事物综合（整体与差异、空间联系与发展）分析能力、地理图像（景观）判读能力、地理信息加工（包括信息技术运用）能力、地理实验设计与操作能力等不同类型。这些能力构成彼此间具有内在联系的地理学科能力体系。

根据地理学科能力涉及的地理知识体系要素，如地理图像、地理数据、地理事物分布、地理规律、地理成因、地理特征、地理技能和地理思维的复杂程度以及教育目标认知领域分类理论，可以对地理学科能力做进一步细分。

从课程标准的要求来看，课程标准关于认知的要求，表现在不同的内容标准中规定的认知过程存在不同的层级，并采用不同的行为动词进行描述，这体现了地理学科能力培养的要求。

课程标准在阐述学生应实现的学习目标时，采用行为目标的表达方式，对学生的学习行为提出了具体要求，以此在深度和广度上对相关知识内容和认知层次做出范围和程度上的限定。课程标准对于学生的学习结果，采用了尽可能清晰的、便于理解和操作的行为动词，从“人地协调观”“综合思维”“区域认知”“地理实践力”四个方面进行描述，不仅体现了课程目标的要求，也体现了学生认知过程心理特征的不同层次。

课程标准对“课程目标”和“内容标准”的陈述方式，包括“结果性目标”和“体验性目标”两类。“结果性目标”所采用的行为动词要求明确、可测量、可评价。这种方式指向可以结果化的课程目标，主要应用于“人地协调观”领域。内容标准中结果性要求的目标动词包括体现知识方面的行为动词和体现技能方面的行为动词，前者包括了解水平、理解水平、应用水平（简单应用和综合应用），后者包括模仿水平、独立操作水平、迁移水平。内容标准中有关结果性要求的目标动词常成为地理教育考试主观性试题命题设问时使用的指令性词语。“体验性目标”指向无须结果化的或难以结果化的课程目标，主要应用于“综合思维”“地理实践力”领域，例如感受、体验、体会、尝试、感知、形成、养成、领悟等。在纸质考试的背景下，试题设问基于测量的要求，很少使用体验性要求的目标动词。

借鉴教育目标认知领域分类理论，基于课程标准、教学实际和教育考试的要求，大规模地理教育考试试题命题与相应课程标准不仅在内容上应保持一致，而且在测试的认知层次上也应保持一致，使试题基于课程标准，不会超过或低于相应课程标准。可参考郑云清的“初中地理学科能力课堂操作分类表”，编制设计地理学科能力划分表，建构地理学科能力体系。该表体现了课程标准、教学实际和教育考试三者与学科能力之间的联系，为地理课堂教学进行学科能力培养、基于“能力立意”的教育考试命题和科学评价学生地理学科能力提供了依据。

三、培养学生地理学科能力的主要途径

影响学生地理学科能力培养的因素是复杂多样的。例如，学生方面的因素包括学生的地理学习基础、地理学习的倾向性（兴趣程度）等，教师方面的因素包括教师的地理专业能力、课堂教学技术等。此外，课程标准的规定、学校地理课程的开设、地理教科书、地理教育评价方式等，这些因素都不同程度地影响学生地理学科能力的培养。

目前，在地理学科能力培养上存在的问题主要包括：教育界对地理学科能力的概念界定和地理学科能力的划分尚未达成共识，地理学科能力体系建构尚未完成；教师对地理学科能力以及培养学科能力的具体策略和操作的认

识存在不足；学生对地理学科能力的理解、掌握和运用不够，学生的地理学习基础和学习兴趣等有待进一步提高；教育考试对学生地理学科能力的测量和反馈做得不够，如何发挥教育考试功能，通过考试引导对学生地理学科能力的培养还有待进一步探索。

培养学生地理学科能力的途径是多样的，主要包括地理课堂教学、地理教科书、地理课外实践活动和地理教育评价等方面。

（一）在课堂教学中重视地理图像、地理思维教学，重视地理学科能力培养

在日常教学中，培养学生地理学科能力要根据学生的心理发展特点，不断调整教学策略，通过创设教学情境，选用恰当的教学方法和组织形式，有计划、有步骤地将地理学科能力的培养落到实处。

重视地理图像判读能力的培养。图像是地理学科重要的学习和表达工具，具有获取地理信息、进行情感态度与价值观教育等功能。教会学生正确认识图像、阅读图像、分析图像、绘制图像，目的在于理解图像的语言，应用图像解决地理问题。对于学生而言，要重点加强获取图像信息、加工和处理图像信息、填绘图像等方面能力的训练。

对学生地理思维能力的培养可以从学生对地理知识的基本认知开始，教学活动要注重说理。在对不同地理事物的说理过程中，帮助学生使用图像工具、地理概念、地理规律和原理，进行地理思维活动。通过分析、比较、归纳、演绎、综合、评价，进行有针对性的训练，逐步实现地理思维能力的培养目标。案例教学是体现地理学科认知的思想方法，体现学以致用，是培养学生地理学科能力的有效途径。在教学中，可结合不同的学习案例，通过对相关地理图像、区域背景的学习，获取地理信息，对地理事物进行分析和评价，提出解决问题的措施等，使学生掌握分析地理问题的方法。案例教学对提升学生地理思维水平具有重要价值。

在教学中，要重视培养学生在问题情境下，通过自主学习获得地理信息的能力。通过空间思维和综合思维，分析归纳地理事物特征，尝试使用简洁

的文字语言、图形语言或其他表达方式描述地理概念、地理事物特点，通过比较、判断、分析，阐释地理基本原理和规律，发现地理问题，提出必要的论据，运用地理观念，探讨、评价、论证和解决地理问题。

地理技能是地理学科能力的重要内容，在日常教学中要有意识地进行培养。可以采用不同的教学方法将知识与技能结合起来进行教学，由简单到复杂，加强针对性练习，引导学生发现问题、解决问题，从而掌握地理技能。地理技能的培养离不开知识的铺垫和有目的的训练。在培养学生地理技能的过程中，要注意教学方法的选用，注意调动学生的积极性，引导学生进行合作探究性学习，在活动过程中学习和运用地理技能，实现地理技能培养的目标。

（二）从地理教科书编写层面引导课堂教学对学生地理学科能力的培养

教科书是学生学习、教师教学的重要资源，也是培养学生地理学科能力的基本载体，对学生地理学科能力的培养具有重要意义。教科书应重视对学生地理学科能力的培养，给出不同类型的图像和材料，结合地理问题设计活动，引导学生从活动材料中获取和解读地理信息，调动已学习的地理知识，运用地理基本原理与规律，描述和分析地理事物，论证和探讨有关地理问题。

地理教科书的编写可以有意识地根据教学内容，如地理概念、地理规律和原理、地理事物分布、地理图像、地理数据等，结合地理学科能力培养的阶段（学生不同学段）要求，对教科书体例、呈现方式、内容编排等进行针对性的系统设计，并在地理学习方法上进行指导，从教科书层面引导课堂教学落实对学生地理学科能力的培养。

（三）结合地理课外实践活动，培养学生的地理学科能力

地理课外实践活动体现地理知识的实用价值，是课堂教学的延伸和补充。通过课外实践活动可以巩固学生的地理知识，培养学生学习地理知识的兴趣和运用地理知识的能力。例如，结合“地球的运动”教学，测量当地正午太阳高度角的变化。

除此之外，还可以通过设置多样化的地理课程，开展地理研究性学习活动，培养学生的地理学科能力。通过地理课外实践活动，培养学生提出地理问题、搜集整理和分析地理信息、读图绘图等技能；掌握地理学习的方法，如地理观察法、地理实验法、区域分析法、比较法等。教师可以结合学习认知策略，设计评价量表，对学生的地理学科能力状况进行评价。

(四) 结合地理教育评价，加强学生的地理学科能力培养

地理学科能力的培养离不开积极有效的地理教育评价，要不断探讨地理学科能力评价方式和手段的多元化，倡导评价的量化与质化相结合。

为了科学、客观地评价学生的地理学科能力，在地理学科能力划分的基础上，可针对不同类型的地理能力设计相应的评价方式，具体测量学生的地理学科能力状况，力图较全面、有效地反映学生各方面地理学科能力的水平，并针对学生存在的地理学科能力问题，提出解决问题的方案和措施。从初中地理教学的角度来看，对地理学科能力的评价要能够具体落实到每节课中，落实在每节课的教学目标中，这需要教师根据教学内容和学生情况做进一步研究。

教育考试是测量工具。要通过确定的地理学科能力测试目标，结合测验试题的信度、效度与区分度等设计评价量表，进行综合评价，在此基础上，发挥教育考试的引导功能，引导实际教学，加强学生地理学科能力的培养。

第四节 核心素养视域下初中地理课堂教学有效性的思考

课堂教学既是课程改革的起点，也是课程改革的落点。近年来，不少专家学者和一线教师对如何提高课堂教学有效性给予了充分的关注，并进行了许多具有实际意义的探讨。

提高课堂教学的有效性，是通过提高课堂教学活动具体环节的有效性来实现的，包括课前备课、实际授课、作业批阅、教学反思等环节。影响地理

课堂教学有效性的因素复杂多样，主要包括学生的学习基础、学习习惯、心理状态，教师的专业基础、教学语言、教龄、生活经历，教材内容，教学目标的适切度，教学活动的设计，教学过程的调控，课堂教学评价，等等。课堂教学过程是上述诸因素相互联系、相互影响的动态过程。

提高课堂教学有效性依赖于教师教学技术的不断提高。正是由于一线教师的不断实践，教育者对地理课堂教学规律有了更加深入的认识，并产生了新的思考。

地理教师对新课改的理解通常是在具体的操作和实施过程中逐步加深的，教师的专业态度也是在教学实践中逐步形成的。从当前实际来看，一线教师更关注地理教学技术层面问题的解决，但是，随着课程改革的稳步推进，教师在关注教学技术的同时，更需要关注教育理念。爱因斯坦曾说，世界上的万事万物转瞬即逝，但只有事物背后的本质——理念是完美的永恒存在。地理教师在专业发展的道路上，应当关注和追求理念的转变和升华。

实现初中地理有效教学包括“上位”和“下位”两个层面。“上位”层面是教育价值观问题，包括教师的地理教育理想、人生价值追求等。“下位”层面是地理教学技术问题，包括教师的教学、课程资源的开发与使用、教学评价等。教师的教育价值观决定了教师的职业态度和教育行为。提高地理课堂教学有效性的关键在于教师转变教育观念，实现专业自觉，把对有效教学的追求转化为自觉的行动。

一、实现初中地理有效教学的策略

（一）把握地理课程标准与教材之间的关系

课程标准是实施教学、实施评价的依据，是教材编写的依据，也是实现有效教学的依据。然而，在实际教学中，教师对教材关注多，对地理课程标准关注不够。

教师在备课过程中，对于具体的教学内容，首先要看教学内容对应的课程标准是如何表述的，注意分析课程标准与教材之间的适切度。课程标准中的“点”一般对应教材中的“面”，其内容的顺序和教材中的表达顺序通常不一致。课程标准和教材在表达上存在着一致性和差异性，其中的差异性体现了教材编写专家对课程标准的理解和对实际教学的考虑。地理课程标准与教材之间存在的空间，为教师在更大程度上创造性地使用教材增加了可能。例如，教师可以结合当地实际，对教材的具体教学内容在使用的顺序等方面进行调整等。

在教材的使用过程中，要注意厘清教材在课程标准落实、学习目标设定、教学内容选择、框架体系结构、呈现方式、学科思想体现、教学方法等方面的思路，明确哪些内容是课程标准规定必须达到的基本要求以及要达到什么水平，落实课程标准要求的关键是什么。教学中，教师应该注意体现地理学科的视角和方法。

把握课程标准与教材关系的本质是教学观念问题。教无定法、因材施教是最基本的教学原则，教师要因时因地，依据地理课程标准，创造性地使用教材进行教学。

（二）构建良好的师生关系

在教学活动中，教师通过有目的、有针对性的教学设计来实现教学目标。教学是师生的共同活动，师生活动的质量直接影响教学目标的实现程度。

师生关系是决定课堂教学效率的关键性因素之一。亲其师，信其道。在新课程改革的背景下，师生关系是平等的，教师是教学活动的组织者、合作者和参与者。教学的本质是一种交流活动，交流状态下的师生关系是平等的、互信的。这种交流状态不仅仅使师生关系融洽，更重要的是使双方对未来的学习产生积极的期待。

促进有效教学，建立有效的课堂交流，从教师角度来说，要清楚地了解教学目标，并制定相应的教学计划。教育家布鲁姆曾说，有效的教学，始于期望达到的目标。学生开始时就知道教师期望他们做什么，那么他们便能更好地组织学习。教师要明确在课堂教学活动中的责任，并在活动中不断调整教学，使之与学生的学习能力和学习期望相适应。同时，教师还应当使学生对教师的教学期望有所了解，教师对自己的教学行为应当具有一定的预见性。

在地理教学活动中，要追求教学方式、交流模式的多样化，避免教学过程形式化、程序化；要提高教学的针对性和实效性，避免把对话交流变成问答。在师生交流活动中，要关注教学过程的流畅和完整，注意改进课堂交流模式，提高学生的参与度和参与质量；综合运用纪律控制、目标控制和评价控制等控制方法，培养学生自我控制能力；调整教学双方的活动，促进地理有效教学的实现。

（三）开发和使用地理课程资源

积极地开发和使用地理课程资源可以促进有效教学。要努力探索地理课程资源的优化，明确地理教科书作为核心课程资源的地位。要注意研究课程资源的多样化、系列化与教学有效性之间的关系，鼓励建立符合当地教学需要的课程资源库，实现课程资源区域内的充分利用。

地理课程资源的开发和使用要注意四个方面的问题。

第一，课程资源的开发要依据地理课程标准的要求。开发地理课程资源要研究课程标准，依据课程标准，避免脱离实际教学要求和课程标准要求。

第二，为提高地理课堂教学有效性，在地理课程资源使用上，要努力做到适当、适时、适度。注意地理课程资源的使用策略，把握恰当的时机，努力使地理课程资源的使用效率达到最优。

第三，树立开发地理课程资源的正确观念。一方面，要为教师提供丰富的地理课程资源；另一方面，要引导教师发挥创造性，积极开发地理课程资源。

第四，要有效利用地理课程资源，避免教学内容的泛化。要注意地理课程资源的科学性，避免忽视地理教科书，把联系实际变成一种装饰的教学倾向。

（四）完善地理教学评价

完善地理教学评价是实现有效教学的保证。要注重评价的发展性、多元性、过程性与终结性相结合。教学评价要与实际教学过程相结合，注重教学过程中的多元评价。教学评价的目的在于实现教育增值，即通过分析评价资料，发现问题，调整教学，促进教学质量的提高，实现有效教学。

实施有效教学，落实到课堂教学评价上，就是评价课堂教学的有效性。评价的核心内容包括有效的课堂教学设计、学生参与度和师生合作三个方面。课堂教学评价的对象是教师与学生在课堂上的活动及效果。

对教师的课堂教学活动进行评价，涉及教师对学科知识的掌握、教师对学生的了解、教师的教学技巧、师生交流与合作的状态、教学时间和各种教学资源的有效利用等。评价课堂教学是否有效的关键在于学生的积极性是否被调动起来、学生是否在积极思考，教师是否采用了易于学生理解的方式、是否强化了学生的自主学习。教师要把教学的空间和时间留给学生，教师和学生共同成为课堂的主角，并实现教学内容的预设和生成。

评价学生的重点是看学生是否学会了学习，是否掌握了地理学习的技巧和方法，教学活动参与度如何。通过记录学生的学习行为，反映学生参与课堂教学的过程和解决问题的思考过程。

日常教学活动的评价通常是最实际、最有效的评价。例如，学生的日常作业，它是一种常态的教学测量，教师批改作业就是一种重要的、经常性的评价。考试是一种测量，但不能简单等同于评价。测量的作用不仅仅是区分，其关键在于利用测量结果来分析、反馈、矫正教学。对日常教学活动的分析评价，应体现地理教育评价的发展性、多元性和过程性。

发挥评价作用的关键在于教师，教师通过分析学生的学习活动，判断学生的学习状况，反思教学，分析教学问题，调整教学，提高教学的针对性。

课堂评价应该深入剖析课堂教学中的师生行为，厘清评价背后的教育价值，从而使教育评价成为实现地理有效教学的保证。

第三章 核心素养视域下的初中地理教学目标

第一节 初中地理教学目标探讨

古人把眼睛作为“目”，把箭靶的中心目标作为“的”，古人的射箭就是为了射中目标。根据现代汉语的解释，目的就是所追求的目标或想达到的境地。具体地说，目的是行为主体根据自身的需要，借助意识、观念的中介作用，预先设想的行为目标和结果。也就是说，目的是人的意识或观念，它反映了人对客观事物的预先设想，体现了人与客观事物的关系，指导着人的实践活动，因此，目的具有主体性、客观性和指向性的特点。鉴于此，地理教学目标是学生的预期学习结果，它不仅是地理教学的起点，也是地理教学的终点，它规定着地理教学原则的制定、内容的选择和方法的运用，是地理教学研究的重点。

一、制定初中地理教学目标的意义

20 世纪 80 年代以来，人类社会在持续发展的过程中，遇到了许多困难与问题，如人口问题、生态问题、环境污染问题、城市化问题、经济发展差异问题、资源问题、种族冲突等，而这些问题的解决都与地理学相关。为了让未来公民具有基本的地理知识、能力和情感，以适应现代与未来社会发展的需要，地理教学目标的制定要将三维目标结合在一起，使学生不仅能够了解与掌握基本的地理概念、原理、规律和方法，也能够发展自己的地理思维，具备地理思想与观念。制定地理教学目标的意义具体体现如下：

第一，通过知识与技能教学目标，使学生掌握体现人地协调和可持续发展的基本地理知识，掌握地理学科的核心概念、原理、规律和特征，理解地理学科的整体知识结构和各知识间的联系；使学生掌握基本的读图、用图、绘图的技能；使学生掌握从文本材料和图表材料中获取、分析与处理地理信息的能力。

第二，通过过程与方法教学目标，使学生能够在学习活动中发现问题、探究问题、解决问题；使学生能够在学习活动中对地理事物和现象进行观察、观测、调查、实验，培养学生运用科学方法解决地理问题的能力；使学生能够从空间的角度，认识地球表层各种事物的空间关系、时间关系和空间格局，培养学生空间思维能力；使学生能够从整体性的角度，认识地球表层地理要素的相互联系、相互影响、相互制约的关系，培养学生分析与综合、抽象与概括能力；使学生能够从差异性的角度，认识地球表层的空间关系和空间差异，培养学生对比、分析与综合的能力。

第三，通过情感态度与价值观教学目标，使学生能够从科学与人文的角度，思考人与自然、社会的关系，培养学生的爱国情感、审美情操，理解与尊重人类不同的生活状态；使学生能够从全球与区域的角度，思考人地协调和可持续发展的问题，培养学生的全球意识、人地协调意识、环境意识和可持续发展意识。

二、初中地理教学目标的分类

教学目标分类理论比较多，其中最为著名的是美国芝加哥大学著名心理学教授布卢姆创立的三维目标分类法，即认知领域、情感领域和动作技能领域。我国新课程改革中，地理教学目标的分类就是采用了布卢姆的三维目标分类法，并融合了加涅的学习结果分类法。

(一) 布卢姆的教学目标分类

1956 年，以布卢姆为首的一个委员会，将教学目标分为认知领域、情感领域和动作技能领域。

在认知领域，布卢姆采用原认知目标分类学，将教学目标分为六级，即记忆、领会、运用、分析、综合和评价，其目的在于区分知识与层次不同的智慧能力。1995 年，安德森和克拉斯沃尔邀请 8 位美国有名的认知心理学家、教育与心理测量专家和课程与教学专家商讨，对布卢姆的原认知目标分类学进行了修订，将认知领域的学习归结为事实性知识、概念性知识、程序性知识、反省认知四类知识的学习。同时，为了更好地学习这四类知识，将认知过程划分为记忆、理解、运用、分析、评价和创造六个水平，以指导教师的教、学生的学和教育机构的评估。

在动作技能领域，辛普森主持了动作技能领域的教学目标分类，将目标分为知觉、定向、有指导的反应、机械动作、复杂的外显反应、适应和创新七个层级。知觉层次是指学生运用感官来获取信息并指导动作；定向层次是指学生对学习活动的准备；有指导的反应层次是指学生在教师指导下进行学习活动的模仿和尝试错误；机械动作层次是指学生能熟练地完成学习动作；复杂的外显反应层次是指学生的学习动作能够达到迅速与精准的水平；适应层次是指学生能够根据学习情境的需要不断修正自己的学习动作；创新层次是指学生能够根据学习情境创造出新的学习动作，以满足学习需要。

在情感领域，克拉斯沃尔主持了情感领域的教学目标分类，依据价值内化的程度将情感领域的教学目标分为接受、反应、价值化、组织、价值与价值体系的性格化五级。接受层次是指学生愿意注意教学现象或活动；反应层次是指学生主动地参与教学活动；价值化层次是指学生将教学活动中的现象或行为与一定的价值标准相联系，即我们常说的态度与欣赏；组织层次是指学生通过教学活动将各种不同的价值标准组合在一起，并经过矛盾、冲突与选择，形成自身内在的价值体系；价值与价值体系的性格化层次是指学生能够用自身的价值标准控制自己的行为。

（二）加涅的学习结果分类

为了更好地阐明学习习得能力的本质，美国心理学家加涅在 1965 年出版了《学习的条件》一书。该书将学习结果分为言语信息、智慧技能、认知策略、动作技能和态度五类。言语信息是指学生能够运用言语或语言表达的知识，可分为符号记忆、事实的知识和有组织的整体知识三类；智慧技能是指学生运用习得的概念与原理、规律的能力，可分为辨别、具体概念、定义性概念、原理与规则、高级规则五类；认知策略是指运用学习、记忆、思维的规则来指导学生的学习、记忆和思维；动作技能是指学生在学习活动中通过练习获得，并能够按照一定的规则来协调自己动作的能力；态度是指学生在学习活动中获得的对人、对事、对物、对己的反应倾向。

（三）初中地理教学目标的分类与编写

1. 知识与技能领域教学目标的分类与编写

在知识与技能领域，义务教育阶段的地理知识主要是地球与地图知识、世界地理知识、中国地理知识和乡土地理知识。

按照布卢姆的认知目标分类，地理知识主要分为地理陈述性知识、地理程序性知识和地理策略性知识。地理陈述性知识主要包括地理术语、地理名称、地理分布等；地理程序性知识主要包括地理概念、地理特征、地理规律和地理成因等；地理策略性知识主要包括地理感知能力、地理信息能力、地图运用能力、地理阅读能力、地理实践能力和地理思维能力等。为了更好地学习这三类知识，新课程标准根据目标对学习结果的预测，将认知过程分为了解、理解和应用三个水平。属于了解水平的行为动词主要包括说出、描述、举例、列举、识别、知道、了解、指认、确定等；属于理解水平的行为动词主要包括解释、说明、比较、理解、归纳、判断、区别、预测、对比、收集、整理等；属于应用水平的行为动词主要包括应用、运用、设计、编辑、撰写、总结、评价等。

按照布卢姆的动作技能目标分类，地理技能主要是对地理知识的理解、巩固、应用与发展的基本训练，可分为模仿、独立操作和迁移三个水平。属于模仿水平的行为动词主要包括开展、模仿、模拟、重复、再现等；属于独立操作水平的行为动词主要包括填绘、绘制、测量、测定、查阅、计算、试验、设计、制作等；属于迁移水平的行为动词主要包括联系、讨论、演习、尝试、运用、提出等。

2. 过程与方法领域教学目标的分类与编写

在过程与方法领域，按照加涅的学习结果分类法，过程与方法是指了解地理科学探索的过程与方法，属于学习结果分类法中的智慧技能与认知策略类。在地理教学目标中，涉及过程与方法的目标表现为形成地理概念、理解地理事物分布和变化的基本规律、对地理事物进行分析与判断、尝试提出解决地理问题的构想等，在地理思维方面主要包括比较、分析、归纳、概括、抽象、空间、判断、评价等。

3. 情感态度与价值观领域教学目标的分类与编写

在情感态度与价值观领域，按照布卢姆的情感目标分类，情感态度与价值观可以分为经历、反应、领悟三个水平。属于经历水平的行为动词主要包括感受、体验、体会、感知、寻找、交流、参观、访问、调查、考察等；属于反应水平的行为动词主要包括认同、欣赏、兴趣、关心、重视、尊重、爱护、珍惜、帮助等；属于领悟水平的行为动词主要包括形成、养成、树立、增强等。

三、初中地理教学目标的结构

（一）地球与地图教学目标的结构分析

地球与地图的教学目标侧重于地球基础知识的学习和地图的利用，特别是基本地理能力和素养的培养。主要包括地球、地球仪和地图三部分内容。具体结构如图 3-1 所示。

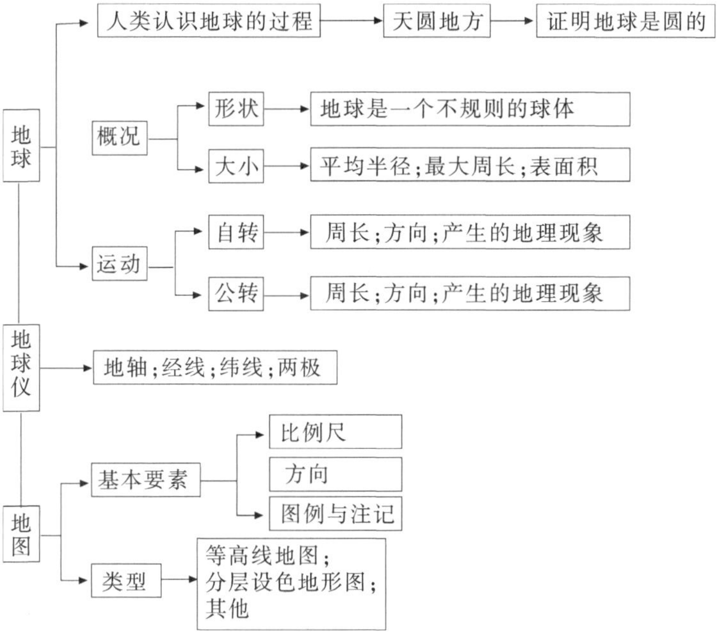

图 3-1　地球与地图教学目标的结构示意图

从内部联系看，要了解人类生存的星球，就要了解地球——宇宙中的一个天体，在此基础上认识地球的运动及其产生的地理现象以及对人类活动产生的影响。由于地球太大了，人们无法直观地了解地球的全貌，于是制作了地球的模型——地球仪，利用地球仪可直观与方便地认识与研究地球。地图是记录和传递地理信息的工具，应掌握地图的基本知识和运用地图的基本技能。

（二）世界地理教学目标的结构分析

世界地理的教学目标侧重于世界地理基础知识的学习和区域地理一般学习方法的掌握，特别是基本地理能力和素养的培养。主要包括陆地和海洋、气候、居民、地区发展与差异、认识区域五部分内容。具体结构如图 3-2 所示。

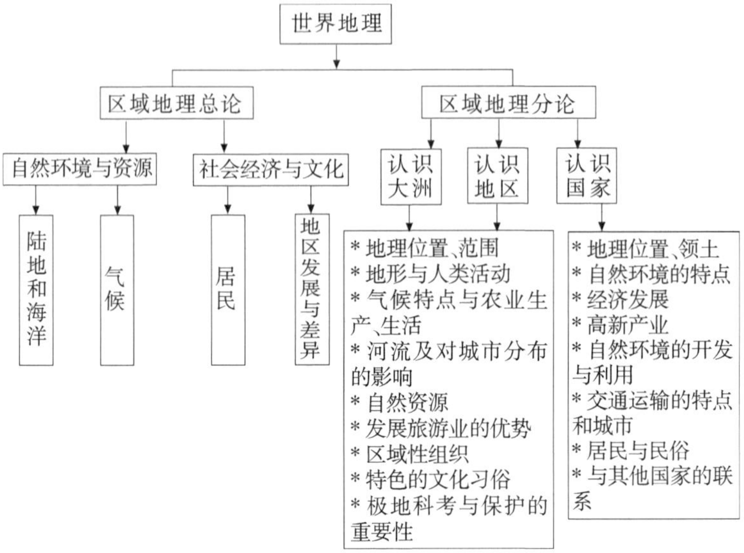

图 3-2　世界地理教学目标的结构示意图

从内部联系看，要了解区域地理，就要了解区域的自然环境与资源及社会经济与文化。自然环境主要包括海陆分布、地形、气候、水文等方面，自然资源则主要包括土地资源、水资源、生物资源和矿产资源等方面。社会经济与文化则主要包括疆域、居民、人口、民族、工业、农业、交通、地方文化、地区发展差异等方面。为了突出世界地理中的自然环境与资源及社会经济与文化的特点，又不与中国地理中的自然环境与资源及社会经济与文化相重复，世界地理在自然环境与资源中选择了“陆地和海洋”以及“气候”部分内容，在社会经济与文化中则选择了“居民”以及“地区发展与差异”部分内容。在此基础上，通过区域地理要素认识大洲、地区和国家。

(三) 中国地理教学目标的结构分析

中国地理的教学目标侧重于中国地理基础知识的学习和区域地理一般学习方法的掌握与巩固，特别是基本地理能力和素养的培养。主要包括疆域与人口、自然环境与自然资源、经济与文化、地域差异、认识区域五部分内容。

具体结构如图 3-3 所示。

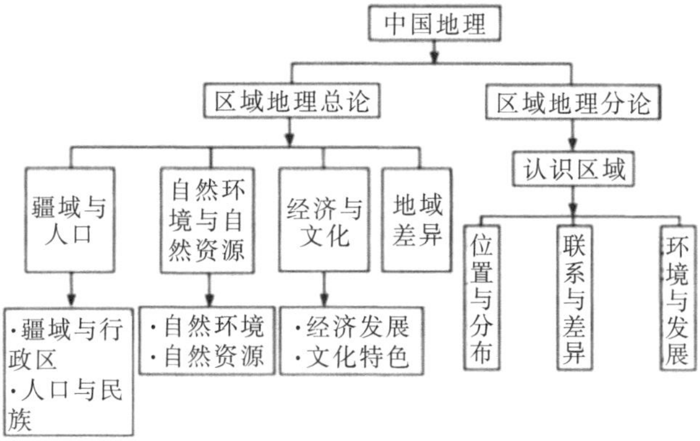

图 3-3　中国地理教学目标的结构示意图

第二节　核心素养视域下初中地理教学目标设定的重要性

核心素养是当今基础教育领域最为热门的话题，它源于 20 世纪末，世界一些著名的组织围绕着“21 世纪的学生究竟应具备哪些核心素养才能成功适应未来的社会?”这一命题而发起的讨论，也就是为“培养什么人? 如何培养人?”而提出核心素养的概念。学生发展核心素养，是指学生应具备的、能够适应终身发展和社会发展需要的必备品格和关键能力。各国纷纷参与这一命题的讨论，我国教育部在 2014 年下发《教育部关于全面深化课程改革落实立德树人根本任务的意见》，2016 年将核心素养落实于义务教育阶段课程标准修订中。此后，关于核心素养的话题引起了很多学者与一线教师的关注。初中地理教师在这个时候开始接触到核心素养的观念，认识到人地协调观、区域认知、综合思维以及地理实践力这四大地理核心素养。2022 年 4 月，《义务教育课程方案和课程标准（2022 年版）》出台，落实地理核心素养培养的初中地理新课程正式实施。

一、培养地理核心素养的必要性

在初中地理教学中探索地理核心素养的培养，应从初、高中地理课程之间的关系和地理核心素养的特征以及初中学生的心理特点出发。一方面，初中地理课程是高中地理课程的基础，高中地理课程是初中地理课程的延伸与深入，它们之间存在一定的衔接关系；另一方面，核心素养的培养是分阶段且具有周期性的，具有一定的连续性。初中是学生初步形成世界观、人生观和价值观的关键时期。初中地理教师有必要抓住培养未来公民的必备品格和关键能力的关键时期，从较高视野和较大格局来审视初中地理教学。如何在初中地理教学中实施地理核心素养的培养？下面主要从教学目标的设定进行论述。

二、初中地理核心素养教学目标设定的重要性

初中地理课程强调三维目标，随着社会的发展，又提出了地理核心素养的目标，这些目标最终都要落实到具体的课堂教学中，教师有必要从教学目标开始，探究初中地理核心素养的培养。在日常教学中，教师用得最多的是课时目标，也就是通常所说的一节课的教学目标，我们就从课时目标入手，这样有助于教学中的具体操作。

（一）初中地理核心素养教学目标设定的意义

实现初中地理核心素养的培养首先体现在教学目标的设定上。教学目标是指经过课堂的教与学，学生能够完成的预估学习成果，也就是在教学活动中所期待得到的学生学习结果，是教学活动的起点和归宿，是实现地理核心素养培养的前提。初中地理教学目标对初中地理教学活动起着提纲挈领、纲举目张的作用。一堂课成功与否，在很大程度上取决于教学目标的设定是否合理。

（二）初中地理核心素养与三维目标的关系

如果说三维目标回答了“怎样培养全面发展的人”的问题，核心素养则

回答了“全面发展什么样的人”的问题。地理核心素养是地理学科育人价值的概括性、专业化表述，是知识与技能、过程与方法、情感态度与价值观三维目标的整合与提炼，是学生在学习地理课程之中或之后所形成的、在解决真实情境中的问题时所表现出来的必备品格和关键能力。

地理核心素养的提出提升了地理教师对地理教学本质的认识，更为地理教学目标的设定提出了新要求、新方向。地理核心素养下的地理课程与教学目标不是抛弃原有的三维目标，而应以三维目标为基本方法和策略，以地理核心素养为基本取向，使得地理课程与教学目标的表述方式回归到地理三维目标，最终体现和落实到培养学生的地理核心素养上。

地理核心素养是使得学生通过地理学习后，能够从地理的视角去观察地理事物、用地理能力解决地理问题的内在涵养。相对于三维目标来讲，地理核心素养更加凸显了立德树人、育人为本的综合性、复杂性、实践性要求。

三、初中地理教学目标的现状及存在的问题

以“地图的基本要素”教学目标为例。

第一，区域认知。①通过阅读地图，使学生掌握比例尺、方向、图例和注记等基本知识，初步学会运用地图。②理解比例尺的含义，掌握比例尺三种表示形式的互换，明确比例尺大小的含义，会比较比例尺的大小。③学会运用地图辨别方向并总结归纳出确定方向的方法，能记住一些常用的图例。

第二，综合思维。通过读图、绘图、计算等实践活动，使学生初步学会辨别方向、查找地理事物、用比例尺量算两地间距离，帮助学生初步建立起地图的空间概念。

第三，地理实践力。强化学生主动用图的意识，逐渐养成用图的习惯。

上面例子的教学目标存在以下问题：

第一，实现该教学目标的主体不明确，既有教师又有学生。教学目标的设定应该注重学生通过学习是否能达到预期的学习结果，而不是看教师是否完成了教学任务，应将教学目标中的“使……”“对……”转换为“学会”“说明”“认识”“分析”等，体现学生是学习的主体，教师是学生学习的组织

者和引导者。

第二，教学目标无法准确评价和观测。教学目标应该避免使用含糊不清或者不切实际的语言进行表述，即教学目标的设定不能虚化，否则在短时间内很难完成。“了解”“理解”“掌握”这些词语缺乏一定的可操作性和可预见性，在使用行为动词时，应使用“阅读”“查找”“读图”“填图”“演示”“绘制”等可操作性词语。

第三，教学目标的实施行为可操作性不强。教学目标所用的“分析”“归纳”等是很难界定的。如何分析归纳，通过什么材料、行为、措施来分析归纳，是很难操作的。只有将教学行为设定得明确、具体，才能真正发挥教学目标对教学活动的导向功能。

第四，情感态度与价值观目标无法达成，使情感态度与价值观的培养成摆设。情感态度与价值观作为课程标准的必要目标，是其他目标要求所不能替代的，是课程实施过程中追求的终极目标，也是核心素养中最重要和最难实现的目标。它的实现不是单一的过程，而是伴随在学生对知识的习得和技能的掌握中，是一个有机的整体。情感态度与价值观不是一两节课就能够培养起来的，需要教师长时间在知识、技能的传授中培养。

四、核心素养视域下初中地理教学目标的设定

现代教学理论认为，学生学习的过程是人的认识活动和情感活动相统一的过程。情感态度价值观是各课程实施过程中追求的一个终极目标。以往的课程目标强调学生对基础知识、基本技能的掌握，简称“双基”，而把情感态度价值观的培养放在辅助和陪衬的位置，内容也只是单纯地对爱国主义情感以及辩证唯物主义世界观的培养。地理课程中的情感态度与价值观目标丰富了地理教育目标的内涵，突出了地理教育的育人功能，使地理教育在培养合格公民中具有不可替代的作用。

根据以上论述，以“地图的基本要素”为例，可以这样去拟定教学目标：①通过阅读各类地图绘制校园平面图，掌握比例尺方向、图例和注记等基本知识，初步学会运用地图。②通过计算理解比例尺的含义，掌握比例尺的三

种表示形式及互换，明确比例尺的大小并会进行比较，能够用比例尺量算两地间距离。③通过阅读各种类型地图，学会在指向标地图、经纬网地图和一般无标志地图上辨别方向，并能记住一些常用的图例。④通过对生活中实际问题的解决，体会到地图的重要性，养成良好的读图、用图的习惯。

第三节　核心素养视域下初中地理教学目标的发展

初中地理教学目标是初中地理课程目标在初中地理教学中的具体化。从初中地理教学实践上来讲，初中地理教学目标通常是指课堂教学目标。初中地理教学目标对初中地理课堂教学设计中教学内容的确定、教学策略的选择、教学过程的规划起着导向性的作用。初中地理教学目标是对初中地理教学活动结束后的学生学习行为与结果的预期，也是初中地理课堂教学成效评价的基本依据。初中地理教学目标是初中地理课程目标的下位目标，必须体现出初中地理课程标准的意志。《义务教育地理课程标准（2022 年版）》的颁布标志着地理新课标的实施。新课程改革背景下，如何设定初中地理教学目标关系到新课程标准能否在初中地理课堂教学中得以落地。培养学生必备的地理学科素养成为新课标的基本理念之一。

以基础知识和基本技能的传授与培养（“双基”）为背景的传统课程标准下，地理教学目标是以教师为教学活动的主体，将学生视为教学对象，强调对学生地理基础知识和地理基本能力的训练与达成，侧重于地理知识与技能本身的教育，即以知识为本位的教育目标。

2004 年的课改提出了三维目标的概念，要求课程目标从知识与技能、过程与方法、情感态度与价值观三个维度来表述，地理教学目标的教学实践中常被分为三个要点分别进行表述。此时的教学目标更关注学生的学科知识与能力的发展以及学生地理素养的培养，学生在教学活动中的主体地位得到显著的关注。这个阶段的教学目标虽然关注到了人的培养，但更侧重于地理学科思维、地理学科素养、地理学科观念的养成，可以看作是以学科为本位的教育目标。虽然此时的课程标准强调三个维度在实施过程中是一个有机的整体，但在实践层面上通常被割裂，教师为趋向教学显性目标的达成，依然过于追求知识与技能目标的达成，而对过程与方法、情感态度与价值观两个维度较为轻视，情感态度与价值观目标成为课程实施中最难落实的目标。

《义务教育地理课程标准（2022 年版）》指出，地理课程旨在使学生具备地理的四大学科核心素养，学会从地理视角认识和欣赏自然与人文环境，懂得人与自然和谐共生的道理。这一表述再次确立了地理教育教学活动的主体是学生，目的是培养学生地理学科核心素养和地理人文精神。教育目标转向了以人为本的核心素养的培养，真正实现了向育人本位的教育目标转型。从课程目标的达成上，设置了四个层级的学业质量水平标准，四个水平层级虽有递进关系，但每个层级都同时包含对四大地理学科核心素养的要求。这就从上位设计上避免了地理教学目标对四大地理学科核心素养割裂的可能，保证了四大地理学科核心素养在教学目标上的融合。

以上三个课程背景下的教学目标可以用表 3-1 来归纳说明。

表 3-1　三个课程背景下的教学目标

课程背景	教学目标主体	教学目标内容	教学目标	教育目标
双基	教师	知识与技能	单一、无层级划分	知识本位
三维目标	学生	过程与方法	多元、无层级划分	学科本位
核心素养	学生	情感态度与价值观	多元、有层级划分	育人本位

上述分析表明，核心素养视域下的地理教学目标传承了“双基”和三维目标下地理教学目标的优点，更关注作为一个“整体的人”的学生素养的发展。新课程背景下的地理教学目标要注意到这些发展变化，做出相应的优化调整，才能更好地引导和评价以落实四大地理学科核心素养为目的的地理课堂教学。

一、核心素养视域下初中地理教学目标的叙写结构

在新课程背景下，以核心素养为视角的初中地理教学目标需要有行为主体、行为条件、行为动词、行为内容和达成程度五个要素，具有完整结构的教学目标才能体现对地理课堂教学的导向和评价价值。

（一）行为主体

行为主体是指地理教学目标的实施主体。通过多年的课程改革，以学生为教学活动和学习活动主体的教学理念已经深入人心，成为地理教育工作者的共识，所以“行为主体”在地理教学目标的叙写中可以成为一个隐性的环节，只需要在语句的表述上加以规范，比如更多地使用一些主动动词“学会”“说明”“辨识”“分析”“解释”“运用”等。

（二）行为条件

行为条件是指影响学生产生学习结果的特定范围。新课程标准在“学业质量”的表述中强调“在不同复杂程度的情境中”进行教学活动，把具体任务尽可能放在真实、复杂的现实情境之中，达到不同层级的水平质量标准。说明学习情境也是实施教学目标的重要环节和前提。行为条件必须清楚且具体可操作，如“运用地图、图表工具”等。

（三）行为动词

行为动词是指具体的实施教学活动行为的动词。核心素养视域下地理教学目标的行为动词有两个特点：一是要具体、清晰、可操作性强。二是层级分类要明确，要与新的地理课程标准中学业质量水平的四个层级相对应。满足这两个特点地理教学目标才能在地理课堂教学中实现精准导向和深度达成，如“自主辨识”“简要解释”“设计实验”等。

（四）行为内容

行为内容是指行为主体在教学活动中具体的活动内容。行为内容的概括

要精炼和具体，同时也要根据其教学内容和其在整个地理学科体系中的地位，结合其对学生学科核心素养培养的作用和价值，进行与学业质量水平四个层级相对应的分层表述。各层级的行为内容应该有较为明显的差异。行为内容需要用行为动词来表述，所以在地理教学目标中，行为动词和行为内容往往是联系在一起的，它们共同构成教学目标的主体。

（五）达成程度

达成程度是指地理教学目标中预设的学生在教学活动中的最低达成度。新课程标准中创造性地设定了学业质量水平的四个层级标准，使得原本难以评价的核心素养教学目标有了评价和检测的标准。地理教学目标中只要设定好质量水平要求，就非常清晰地呈现了教学目标的达成程度。因为达成程度的表述是以行为动词和行为内容作为载体，所以其在教学目标中属于隐形的环节。

二、核心素养视域下初中地理教学目标叙写案例及分析

（一）案例 1：探访“地球之肾”——湿地

湿地通常是指地表过湿或经常积水、生长湿地生物的地区。湿地具有保护生物多样性、调节径流、改善水质、调节小气候，以及提供食物、工业原料、旅游资源等方面的作用。湿地公园是以湿地良好的生态环境和多样化湿地景观资源为基础，以湿地的科普宣教、湿地功能利用、弘扬湿地文化等为主题的生态型主题公园。湿地公园是中学地理、生物学、数学、信息科技、体育与健康、艺术等多门课程的教学资源，有助于培养学生人与自然和谐共生的观念。

1. 核心任务

在湿地环境中开展野外综合考察，对湿地的地貌、气候、水文、植被等自然地理要素进行观察、测量和记录，分析各要素之间的内在关联，全面认识湿地对人类生存与发展的重要性，提出保护湿地的措施和建议。

2．学习活动方案

（1）学习目标

①能够从不同的视角聚焦湿地与人类活动的关系，提出开放性、有价值的问题。

②能够应用地理信息技术相关软件，结合经纬度内容制作电子地图，设计和规划合理的考察路径，确定研究区域和问题，并完成地图知识的学习。

③通过实地考察湿地公园，或者利用湿地或湿地公园的视频资料，探究湿地生态环境对人类生活的影响，评价湿地公园规划的合理性和存在的问题，逐步积累在真实情境中学习的经验，提高对跨学科问题的研究能力。

④通过实践活动提升团队协作、调查研究、语言表达等能力，逐步确立人与自然和谐共生的观念，形成勇于创新、主动学习的良好品格。

（2）设计思路

本学习活动设计思路如图 3-4 所示。

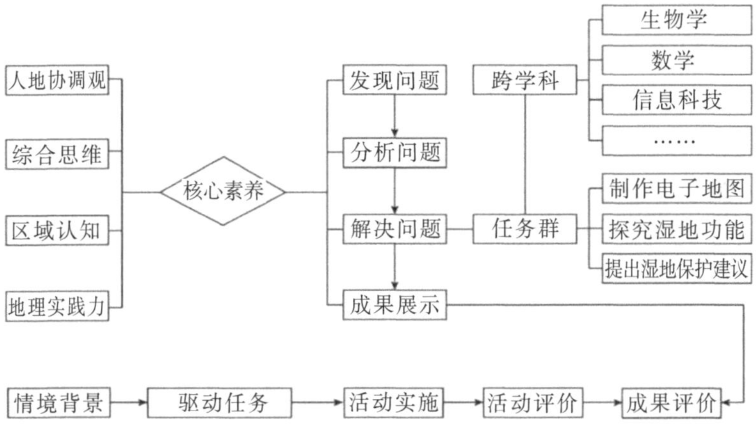

图 3-4　学习活动设计

3．学习活动实施

（1）确定任务群

学生在教师的引导下，围绕“人类为什么要保护湿地？”这一主题问题进行“头脑风暴”。教师启发学生思考并展开讨论，由“为什么做”到“做什么”再到“怎么做”，层层追问，形成问题链，进而设计若干项解决问题的任务。通过相互衔接、步步深入的若干项任务，引导学生在完成任务的过程中不断生成问题和解决问题，循环往复、螺旋上升地探究和解决问题。

（2）推进与实施

推进与实施是活动的中心环节，是学生自主参与学习、尝试解决问题的关键环节。教师可以帮助学生搭建解决问题的“脚手架”，以便高效地推进活动的开展。活动可以小组合作的形式进行，小组成员通过合作、交流、质疑、探究等多种方式参与活动。

①制作湿地公园电子地图，规划考察路线。

学生从小组查找到的或教师提供的湿地公园的建设资料（如景观桥梁、水体面积、生态道路数量与面积等）中获取有效信息，了解湿地的基本自然环境；通过网络资源，查找和了解电子地图的用途；运用制图软件设计图例，在比例尺恰当的地理底图中添加各个景点的经纬度、相关图片、文字介绍等，形成不同主题的电子地图。通过该任务，引导学生运用经纬度知识和地图阅读等技能，制作电子地图，设计考察路线，为进一步开展实地考察活动做好准备。

②探究湿地功能。

观测湿地气温、湿度等气象要素，实地寻找水的来源并分析其功能，探究湿地在调节小气候、涵养水源等方面的作用。

湿地有丰富多样的动植物资源。学生可在实地考察的过程中，寻找自己感兴趣的动植物，通过同伴互助、聆听讲解及网络查询等方式，综合运用地理与生物学相关知识，认识动植物的特性，分析其与自然环境之间的关系。对湿地动植物的考察结果，可记录在表 3-2 中。

表 3-2　湿地动植物考察记录

景点名称	动物		植物		形成这些特性的原因（分析生物与地理环境之间的关系）
	名称	特性	名称	特性	

通过完成该任务，学生对湿地生态会有更为深入的了解，感受并认识湿地在保护生物多样性、涵养水源、改善水质、调节小气候等方面的多种功能，充分体会湿地与人类活动的密切相关性。

③提出湿地保护建议。

学生在了解了湿地与人类的生活息息相关的基础上，对在湿地考察中发现的问题进行探究，并提出保护湿地的建议。例如，可以通过制作模型、写小论文、写推介信、拍摄微视频、绘画、模拟政协提案等活动方式，提出湿地保护建议，并论证其合理性及可行性，为保护湿地献计献策。

（3）成果展示与交流

教师为学生搭建成果展示交流的平台。学生通过平台向全班同学展示活动设计，进行解说，并反思其合理性。组内成员之间、小组之间展开交流，并进行评选。

4．学习活动评价

学习活动评价要以学习目标为依据，以核心素养的发展水平为标准。针对不同的学习内容，开发多种基于核心素养的评价量表，如选题评价表、活动过程评价表、作品评价表和综合评价表等。采用多种评价方式，实现评价内容与评价方式的多元化。

评价应伴随整个学习活动过程。通过对学生参与学习活动的过程和结果的评价，提高学生的参与度，增加问题探讨的深度，提升学生的团队协作能力，引导学生学习的方向，最终聚焦于学生核心素养的发展。

（二）案例 2：我的家在这里

对自己家乡的山川河流、人情风物、历史沿革、产业发展、商贸流通、文化嬗变等进行研究时，学生因为有亲身体验而感到亲切，研究起来兴趣盎然。本学习活动围绕“家乡”这一主题，将地理课程及其他课程中涉及的乡土知识，以及学生身边的各类学习资源进行整合，设计为一个跨学科主题的学习活动，旨在培养学生热爱家乡、热爱祖国的情感。

1. 育人价值

一是将书本知识应用于认识家乡的实践活动中，学以致用，发展知行合一的品格。

二是深入了解家乡的过去、现在和将来，激发对家乡的情感，增强建设家乡的责任感。

三是学习乡土实践的方法，提升社会调查、人际交往和跨学科学习的能力。

2. 学习活动设计

（1）学习活动内容

本学习活动以课堂教学为基础，学生运用从书本中学到的学科知识和方法，通过观察、思考、交流和实践，在追寻家乡的变迁中，不断形成问题，产生兴趣，自主建构学习框架，探寻解决问题的途径。在此过程中，家乡的地理、历史、文化等知识综合呈现，与课程内容和学生学习的过程形成自然融合的整体。

本学习活动的形式以社会调查实践活动为主，主要设置了以下几个方面的任务：

一是调查家乡的地理环境及人们的社会生活。通过野外考察、社会调查、资料查阅等方式，从不同视角认识家乡地理环境与居民生产生活的关系，如本地区的地形、气候等自然环境特征及其对传统民居的结构、造型等方面的影响，从地形、自然资源、交通等方面分析城市或乡村形成与变迁的主要因素。

二是调查家乡的历史变迁。充分调动社会资源，以时间为轴，结合社会发展的事实，感受家乡的变迁。例如，访问历史见证人、历史学者、阅历丰富的长者等，从不同层面、多种角度收集历史素材。家庭也是历史学习的重要资源。家谱，不同时代的照片、图片、实物，以及长辈对往事的回忆，皆有助于学生了解家庭的变化，并由此反映出家乡的变迁。

三是调查家乡的建设和发展。要以家乡发展的真实人物和事件为抓手，从具体案例中领会家乡的发展，如家乡的环境变化、经济发展等。在社会调查的过程中，感受家乡的新面貌，如果发现存在问题，可向有关部门提出合理的建议。

本学习活动主要是围绕学生日常生活的居住地和学校开展的，周围的人与物都可以作为本学习活动的资源。例如，学生既可以实地观察传统民居与现代居民区在格局、造型等方面的特征，又可以从历史、地理角度看到家乡景观的变迁，感受家乡的发展。学生及其家人、社区工作人员等也是重要的资源。通过家人对家庭今昔变化的描述，学生能够获得最为真实的感受，强化对家乡的认识。

（2）学习活动目标

①通过考察、调查、访谈、参观等活动，在真实的环境中识别平原、丘陵、山地等地形类型，说出地形、交通、自然资源等条件对家乡环境的影响，尤其是传统民居所反映的地方文化及其与自然环境的关系。

②结合相关图文资料和访谈活动，了解并简要分析家乡环境、人们生活的变化及原因；发现家乡存在的问题，尝试提出合理的建议，在实践中学会如何行使公民的监督权。

③通过走进社区等活动，切身感受学校所在地区的变化，热心参加社区的公益活动，规范自己的行为，有为建设美好社区贡献力量的愿望。

④通过一系列活动，提高收集、分析、处理、运用信息的能力，提高合作、交流和分享的意识。

（3）学习活动过程设计

本学习活动分为前期活动、中期活动和后期活动三个环节，需要学生分阶段完成（图 3-5）。在此过程中，需要制作活动任务单，分解不同阶段的学习要求，帮助学生明确阶段任务，发现问题并最终解决问题。

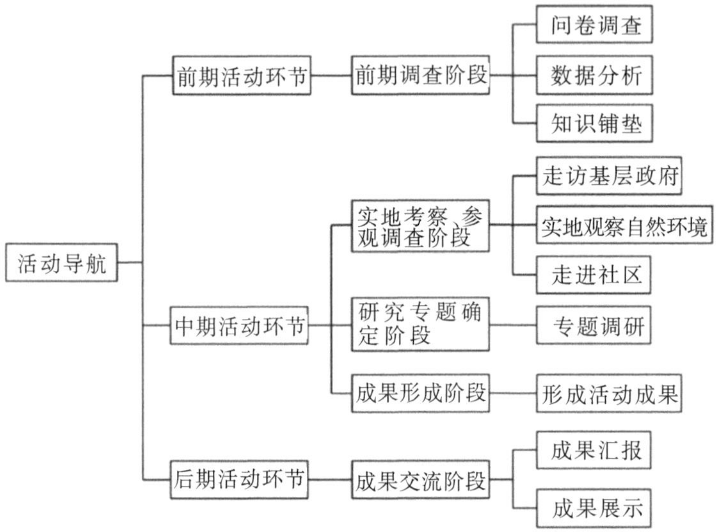

图 3-5　学习活动过程设计

前期调查中的问卷调查，主要围绕学生熟悉的家庭和学校展开，基本内容包括：家乡的自然环境状况（如地形、气候、河流），家庭居住条件、生活设施情况等，学校所在地情况调查（如地名的由来）。

中期实地考察、参观调查分组进行，根据获得的调研信息，确定各组的研究专题，如家庭居住环境或生活方式的变化、居住地的选址和民居特色等。各组依据确定的研究专题进行更为深入的专题调研，为家乡发展提出合理的建议。

后期成果展示形式可多样，如调研报告、考察叙事、访谈记录、录音录像等。

3．学习活动评价

本学习活动的评价采用过程性评价与终结性评价相结合的方式，通过设计学生学习过程观察表、学习任务单、学习过程评价表、学习结果评价表等，由教师评价、学生自评与互评、家长评价等共同形成对学生跨学科知识运用水平、学习活动表现等方面的记录和评价，全面评价学生在学习过程中的成长与变化。

（1）通过观察学生在活动过程中思考讨论、动手操作等方面的情况和学习任务的完成情况，记录和评价学生对相关学科知识的运用能力，以及在活动过程中表现出的交流合作、组织协调、工具使用等方面的能力，并适时给予鼓励和指导。

（2）通过评价表的形式，将学生自评、互评的记录表，以及学生在本次活动过程中的感受和收获记录，作为评价学生的基础。由教师、家长、学生等对学生的学习作品、交流展示、活动体会进行评价，发现学生在学习过程中的成长与变化，引导学生树立信心，展示特长，实现个性化发展。

第四章　核心素养视域下的初中地理教学设计

第一节　初中地理学科教育的作用及课堂教学优化策略

长期以来，地理学科在人们心目中得不到应有的重视。其实，地理学科在国民素质教育中的作用极为独特，是其他任何学科都代替不了的，尤其是在人类面临环境、资源、人口等问题时，地理学科就显得尤其重要了。作为地理学科教育工作者，应该立足本职岗位，坚守阵地，变被动为主动，努力发挥地理学科在国民素质教育中的作用。

在基础教育中，应培养学生的基本素质，主要有思想品德素质、科学文化素质、基本能力素质、身体心理素质、审美素质等。对于这些素质的培养与提高，初中地理学科都能发挥其独特的、不可替代的作用。

一、初中地理学科教育的作用

思想品德素质主要是要求学生具有爱国精神和奉献精神，要讲道德，包括公共道德、伦理道德和职业道德。国土、国情和国力等方面的中国地理教育，能让学生认识到我国国土资源的优势以及改革开放以来社会主义建设中的伟大成就，激发学生强烈的自豪感和自信心。综合国力的中外对比教育，既可让学生认识到我国综合国力日益增强，位于世界前列，又可以使学生看到我国人均资源的不足和发展的不平衡不充分，激发学生的危机感、责任感和使命感，以达到使学生知国、爱国、报国的教育目的。对学生进行科学的地理观、人口观、资源观、环境观和生态伦理观的教育，让学生把珍惜资源、爱护环境、创造适合人类生存的美好环境作为自己的道德规范和行为准则。

初中地理学科教育还可以培养学生的竞争意识和改革开放意识。只有了解世界才能走向世界，世界地理的教育是让学生全面认识国际世界的途径。

人教版初中地理教材，根据核心素养要求以及“教育要面向现代化、面向世界、面向未来”和“教育必须为社会主义建设服务”的精神，以地理环境、资源、人类活动作为线索确定教学内容，要求学生认识地理环境是人类赖以生存和发展的基础，人类通过利用地理环境中的各种自然资源发展生产。自然资源利用合理，就能够促进社会的发展和进步；利用不当，则会导致生态平衡失调、环境污染，危及生产和生活乃至人类的生存。地理学科是一门综合性很强的基础学科，初中学生通过地理学科教育所获得的地理知识虽不能直接应用于解决当今世界、一个国家或一个地区所面临的许多与地理知识有关的重大问题，但它在很多方面能直接或间接为生产建设服务。

初中地理学科教育可使学生初步认识自然条件各要素的构成和发展变化规律，了解自然条件与农业生产的关系，了解我国土地资源、水利资源、森林资源、草场资源等的特点及分布规律。学生掌握了这些地理知识，对今后从事农业、林业、牧业、渔业等方面的工作将是十分有益的。

学生通过地理课程，记住一定数量的地名及其位置，知道一些重要国家和地区的地理特征，如地形、气候、水文、植被等，了解一些重要工业的地理分布，原料、燃料的来源以及各种交通线路的地理分布等，对今后参加某一工业部门的工作或从事第三产业都有很大帮助。

我国实施的九年义务教育属于基础教育，地理学科是初中的一门基础课程，它与初中所开设的其他课程有着十分密切的联系，学生所获得的地理基础知识有助于其他知识的学习。地理课程所涉及的自然环境知识对学生学习生物等课程尤为重要。从地理课程中学到的地名、位置等知识，对学生学习历史和政治都有很大的帮助。历史史实、政治时事都具有一定的空间性特点，没有一定的地名知识，对国际国内的一些重要地区不了解，要学好历史和政治是十分困难的。地理知识对学好数学、物理、化学也有一定的帮助。

能力是指人们运用知识成功地进行实践活动的各种技能。地理能力是人们应用所掌握的地理知识，分析和解决各种地理问题的本领，包括地理思维能力、地理技能等。地理知识地域空间的广大性，使地理思维具有形象思维与逻辑思维相结合的特点。地理教学中经常要求学生对地理事物和现象进行观察，在形象思维的基础上，运用比较、分析、综合、归纳、演绎等方法，进行抽象、概括，得出结论，以提高学生的综合分析能力、比较鉴别能力和判断推理能力。

地理学科教育发展学生思维能力的功能还表现在对学生想象能力的培养上。地理教材所涉及的地理事物，很多是学生从未见过的，如南极洲冰川等。大海对于内陆的学生、崇山峻岭对于平原和湖区的学生、戈壁沙漠对于湿润地区的学生，都是新鲜的。对于这些知识的教学，必须利用语言和感性材料培养学生的再造想象能力，或根据已有的知识经验，培养学生的创新想象能力。

地理技能是地理知识的实际应用，又称为地理实践操作能力。读图、填图和绘图的教学是初中地理课程的一项重要内容，也是地理学科区别于其他学科的一大特色。地图教学使学生能够根据地图上的符号说出地理事物和现象。运用地理基本知识，学生能够通过地图分析一个地区的某些地理要素和地理特征、地理规律及其成因。

通过地理课外活动或结合其他社会实践活动，组织学生观察本乡本土的地理环境，如地形、河流、湖泊、土壤、植被，或农作物、矿产、工厂的类型及分布，或交通线路的分布等，能够使学生初步掌握调查方法，学会根据观察到的地理事物，分析其特征、成因、发展变化规律，并能提出一些因地制宜合理利用自然资源的措施或设想。加强学生野外实地观察和调查的地理技能的培养，也是初中学生能力培养的一个重要环节。

通过地理教学，能让学生掌握使用气温表、气压表、风向风速计、雨量器等各种常用的气象观测仪器，进行气温、气压、风和降水的观测、记录，统计分析气象资料。这些能力虽然都是初步的，但它和物理、化学实验一样，对学生实际操作能力的培养起着重要作用。

审美素质的培养是初中学生素质培养的重要组成部分。审美教育的目的就是培育成熟的审美心理。初中地理课程在审美教育中的作用也是十分突出的。地理教育能够使学生开阔眼界，增长知识。通过地理课程，学生能够了解各地区的地形、山川、河流、自然资源，以及人口和民族分布、风土人情、物产等，掌握自然地理和人文地理的基本知识，获得关于人和自然的关系的科学认识。人教版初中地理教材，精选了很多彩图，其中有各地异彩纷呈的自然景观、不同地区人类生产生活的缩影、世界著名城市的风貌、祖国的名山大川和社会主义建设的伟大成就等，这些都能使学生在获得地理知识的基础上，产生向往的感情，得到美的享受。高耸的山脉、广袤的高原、俊秀的丘陵、坦荡的平原、幽深的峡谷，展示其千姿百态的形态美；白雪皑皑的松花冬景、碧绿苍翠的江南水色、丝绸路上的晚霞，展示其丰富斑斓的色彩美；荷兰的风车、北欧的极夜、南极的企鹅和冰川，展示其无尽的意境美。生动的地理课堂教学，结合自然景观、历史发展、民族风情去讲述，会使学生得到审美教育。

二、初中地理课堂教学的优化策略

优化地理课堂教学，既要重视地理知识的传授，又要重视地理素养的培养。可采取多媒体教学手段，引起学生学习地理的兴趣。课堂教学是对学生进行地理学科教育的主要方式，科学的教学方法是提高学生素质的关键。

第一，重视学生学习能力的培养。课堂教学要切实改变传统的注入式教学法，采用开放的启发式教学法，教学中要增加学生的活动时间，重视学生的自主参与意识，发挥学生在教学中的主体作用。要充分利用初中地理教材的特点，让学生动手、动脑、动嘴、动眼，使学生的活动与教师的辅导相结合，培养学生独立获取地理新知识的能力。

第二，重视读图、填图能力的培养。初中地理教材有大量的地理图表，并配有地图册和填充图册。教学中，要善于引导学生，通过读图表提出问题，通过分析图表解决问题，通过读图填图巩固知识，使学生养成读图、用图的良好习惯，提高学生解决地理问题的能力。

第三，联系乡土实际，充实教学内容。在进行国情教育的同时，要注意联系实际、联系乡情，化远为近，化抽象为具体，让学生产生亲切感。要遵循“二分论”的教学原则，坚持正面教育为主。既要使学生对我国国情和社会主义建设成就有足够的认识，树立民族自尊心和自豪感，又要明确指出不利因素和存在的问题，具体分析我国的基本国策和建设规划，明确解决问题的途径和光明的前景，教育学生为社会主义现代化建设而献身，增强学生的责任感，树立建设祖国和报效祖国的雄心壮志。

第四，采用多媒体直观教学，提高地理课堂教学质量。采用多媒体直观教学，也就是利用挂图、标本、模型、投影、幻灯片、录像、电影等，将传统教学媒体与现代化教学媒体优化组合。多媒体教学以其图、形、声、色吸引学生，化远为近、化静为动、化抽象为具体，能够极大地活跃课堂教学气氛，有利于学生对知识的理解和掌握。

第二节　初中地理课堂教学设计的意义和原则

课堂教学是实施素质教育的主阵地。随着素质教育的深入开展，传统的为应试教育服务的课堂教学已不适应新形势的需要，必须转变课堂教学的观念，优化课堂教学结构，改变课堂教学模式，改进课堂教学方法和手段，讲究教学艺术。课堂教学设计，是教学准备工作的核心，直接影响地理课堂教学质量，良好的课堂教学设计是达到素质教育目标的重要前提和根本保证。

地理课堂教学设计，要从学生、教材、教学目标的实际出发，在一定的教学原则、教学策略的指导下，利用多种教学方法，组成一个最有利于实现教学目标的课堂教学方案。地理课堂教学设计，要依据现代教学论，在科学性原则、主体性原则、全面性原则、启发性原则和直观性原则的指导下进行设计。

课堂教学设计是一个系统计划的过程，有一套具体的操作程序。教学设计要以科学的教学理论和方法论作为理论支撑，而不是单纯依靠传统的教学经验。新课程教学目标是知识与技能、过程与方法、情感态度与价值观的三维目标，课堂教学设计要体现知识与技能的获得和学习，过程与方法的体验和学习以及形成正确的态度情感与价值观有机结合，而不是单纯的知识传授。

一、科学性原则

地理课堂教学设计的科学性，主要是指教学目标的确定是科学的。教学目标必须符合初中地理教学大纲所规定的原则、精神和要求，必须符合深化教育改革、全面实施素质教育的需要，着眼于受教育者群体和社会长远发展的需求，以面向全体学生，全面提高学生的基本素质为根本宗旨，以注重开发受教育者的潜能，促进受教育者德智体全面发展为特征。“教育要面向现代化，面向世界，面向未来”是地理学科进行教学改革的指导方针，是实施素质教育的根本立足点，素质教育的最终目标是坚持并落实“三个面向”的时代要求，这也是地理课堂教学设计的最终目标。要面向现代化，就是要以现代地理学、教育学、心理学的科研成果，更新、充实地理教学的观念和内容，使学生树立现代人地关系协调论的辩证观点；要面向世界，就是要帮助学生树立全球观念和国际意识，增强竞争意识；要面向未来，主要从地理学科的特点出发，渗透可持续发展思想，帮助学生树立可持续发展的观点，让学生了解当前人类的家园——地球所面临的人口问题、资源问题、环境问题，唤起他们的忧患意识，关心可持续发展问题。

地理课堂教学设计的科学性，还表现为所选用的教学方法和教学结构是科学的。教学方法和教学结构应依据教材内容、学生发展规律，吸收认识论、方法论以及教育学和心理学的最新成果来精心设计，尽可能让学生能力的培养、有效知识的获得达到最佳效果。

二、主体性原则

教学过程实质上是教师主导下的学生个体的认识过程和发展过程。在教学过程中，学生不仅是教育的对象，更是学习的主体。学生的任务，不仅是接受科学文化知识，更重要的是，在接受科学文化知识的同时发展自己的智能。素质教育就是要求充分发挥学生的主体性，尊重学生的主体地位和主体人格，培养和发展学生的独立自主性、自觉能动性、积极创造性，这既是全面实施素质教育必须遵循的基本原则，也是地理课堂教学设计必须遵循的基本原则。地理课堂教学设计，要构建有利于充分发挥学生主体作用的课堂教学结构，让学生积极参与，主动思考，尽可能让学生自己提出问题、分析问题、解决问题，做到有争论、有发现、有创新，这样的地理课堂教学设计，才能真正使学生成为学习的主体。

三、全面性原则

初中地理教育是义务教育的重要组成部分，其目的是提高每个学生的素质，因此，地理课堂教学设计必须面向全体学生。面向全体学生的课堂教学设计，在确定教学的重点和难点时，既要以教材为依据，又要符合大多数学生的实际。设计的课堂讨论、问答等，应尽量让学生都有参与的机会。坚持全面性原则，还应因材施教，分层次、有区别地对待学生之间的个体差异，在面向全体学生、主攻基本目标、达到教学大纲基本要求的同时，还要重视学生在学习中客观存在的差异。

四、启发性原则

地理课堂教学的启发性原则，要求设计课堂教学过程时，既要把学生当作教学的客体，又要把学生当作学习的主体，充分调动学生学习的主动性、积极性。教师要通过引导，使学生参与学习活动，主动地获取知识，发展能力。在地理课堂教学中，贯彻启发性原则的途径是多样的。在讲述新内容时，可采用设置疑难等方式激发学生的学习兴趣，设置有一定难度但经过认真思考可以解决的问题，再逐步引导、点拨，使问题从感性到理性，逐步得到解决。对于某些地理规律的应用，可采用选择题等方式，使学生在错综复杂的事物联系中学会全面考虑问题，提高发现问题本质的能力。地理课堂教学可应用归纳推理和类比推理等方式，发展学生的求同思维，培养学生触类旁通的能力，促进学生知识、能力的迁移。

五、直观性原则

地理学科知识很多是关于自然现象和人类社会现象的知识，如自然界中的海洋、陆地、高原、山地、沙漠、草原等各种自然现象，城市、交通、工业、农业等人类社会现象。直接观察地理事物和现象的地理现场教学，是一种最直观有效的方法，但由于地理学所研究的对象非常复杂，范围异常广大，再加上时间、经费等客观条件的限制，对地理事物进行实地观察是困难的，甚至是办不到的，因此，地理课堂教学，应较多地考虑利用课本中的插图、各种标本、地理模型以及适当运用计算机多媒体教学。

第三节　核心素养视域下初中地理教学优化策略

核心素养以培养全面发展的人为核心。教师应如何依据核心素养理论做出相应的教学调整，来最大限度地优化教学？

初中地理主要介绍世界地理、中国地理及区域地理，具有区域性、综合性、生活性和实践性几个方面的特征。这一阶段的核心素养主要围绕学生的地理思维、地理技能、地理情感和地理品质几个方面来培养。在初中阶段提升学生的地理学科素养，有助于学生体会到学习的乐趣，形成良好的学习习惯，初步形成全球意识和可持续发展观念。

在探究教学优化策略之前，需要先理解什么是有效教学。教学是由教师引起的、维持或促进学生学习的所有行为。学生在这一过程中占据核心位置，教师所进行的教学活动都要围绕学生展开。因此，教学本质上是学而不是教，要让学生有自主学习的能力，形成自己的认知。有效教学实质上就是要让学生有效地进行学习。地埋学科有自身的独特性，我们每时每刻都在接触自然，接触身边的人和物，很多奇特的景象、人文都属于地理学科的范畴。因此，地理教学不应该死板、枯燥，教师要引导学生对生活中的现象多观察、多思考。针对初中地理教学过程中出现的一些问题，笔者提出了一些教学优化策略。

一、夯实基础，培养学生认知能力

扎实的基础知识是后续学习的铺垫。无论采取怎样的教学模式，都不能忽视基础知识的重要性。在每堂课上课前，教师可以对之前学习过的内容进行提问，唤起学生对基础问题的重视；教师也可以采取竞赛的方式，让学生既能体会到竞争的乐趣，又能回顾重要的知识点。对于基础知识掌握良好的学生，教师可以给予鼓励或适当的奖励。结束一堂课后，教师可以对本堂课的内容进行一个框架概括或串联，并留适当的问题供学生复习，让学生养成良好的自主学习习惯，培养学生学习的主动性和自觉性。

二、联想记忆，增强课堂趣味性

对地图的识记是学习地理的基石。通过对世界地图、中国地图的学习，可以大致了解一个地区的情况，在解答问题时也能有一个宏观的认知。对地图的识记是有难度的，学生对复杂的地图通常感到无所适从。教师可以充分发挥想象力，比如：在看到某一国家在地图上的形状时，可以联想到某种动物或植物；或者编制口诀帮助学生记忆；也可以让学生踊跃发言，表达自己的看法，进行有效互动。

三、优化课堂教学方式

教师在进行课堂教学时，可以采用多种教学方式，让课堂变得生动丰富起来。例如，在讲授人口分布的有关内容时，教师可以先进行一系列的问题引导。比如：同学们认为气候寒冷干燥与气候湿润的地方哪个更适合人类居住？同一个国家，为什么有的地区人口稠密，有的地区人烟稀少？由此引发学生思考，激发学生兴趣，并且对这部分内容的学习有一个大致的思路，更容易进行归纳总结。又如，在进行课堂导入时，教师可以适当引入古诗。比如：在讲到我国地势分布与地势对河流走势的影响时，可以引入古诗“大江东去水悠悠”。江水东流反映出我国河流的走向，这与我国地势西高东低有很大的关系。用这种方法能够吸引学生的注意力，并能对相关知识产生联想记忆，有助于多学科知识的融会贯通。

四、优化教学方法与手段

地理学科是一门与实践联系紧密的学科，需要进行观察与思考。在适当的条件下，教师可以带领学生走出课堂，走进自然。例如，在讲述山川、地貌、河流时，教师可以带领学生观察本地的地貌特征、山川河流的特点，让学生近距离地感受地理世界的奇妙。有关人文地理的内容，教师可以引导学生对身边的一些现象进行思考。例如，让学生思考城市和乡村地区人口密集度有什么不同，让学生明白地理现象无处不在。对于一些不便观察的内容，教师可以通过图片、模型等，创设教学情境，让课堂变得更生动活泼。这样，不仅可以加深学生对相关内容的印象，还可以激发学生的学习兴趣，让地理不再是一门枯燥难懂的学科。

（一）应用多种教学方式

教师可以在课堂上应用多种教学方式。比如，可以进行小组活动，共同讨论问题。学生在成长过程中，不仅需要有独立学习、自主学习的意识，还要学会与他人合作。对于自己解决不了的问题，要与别人交流。互相交流思维认识的过程也是学习的过程。此外，还可以鼓励学生动手操作。对于地球运动、时间测量等问题，光靠想象很难理解，教师可以带领学生动手操作，在实践中加强认识。教师还可以创设有价值的教学情境进行教学。情境教学是指教师依据教学目标和内容，结合学生的实际，有意识地创设教学情境，让学生积极参与到情境体验中。教学实践证明，适时地进行情境教学，能让学生在轻松的氛围中学习，对于调动学生的好奇心，激发其学习积极性、思维创造能力有着积极意义。教师要精心研讨教材，从教学需要出发，以启发性、互动性、探索性原则为指导，进行情境教学。例如，在学习“世界的语言和宗教”时，可引导学生课前学习用不同的语言来表达“我爱和平”“我爱地理”。课堂开始时，通过展示纸片文字来创设情境导入主题——人类最直接的交流工具是语言。接着，通过猜猜看（播放动画片，让学生判断是哪一种语言）、试试看（用不同的语言来表达“我爱和平”“我爱地理”）等，将学生引入到学习的氛围中来。学生通过看一看、说一说、连一连（六大语言与内容的连线），地理知识和地理思维素养在潜移默化中得以提升。

（二）开展探究性的实践活动

初中地理课程兼有社会学科和自然学科的性质，具有实践性的特征。结合地理学科的特征和学生的心理发展规律，在进行地理教学时，提倡开展探究性实践活动，以提升学生的自主学习、合作学习能力。教学实践证明，探究性实践活动的开展，既能让学生有效掌握地理基础知识，又可以有效提升学生应用地理知识解决实际问题的能力，学生的地理思维素养和地理技能素养能够得以很好的提升。以“不同的人种”教学为例，在介绍世界上三大人种的主要特征时，为了培养学生的思维素养，便于学生记忆，可组织学生开展探究活动。首先，引导学生描述一下自己或同桌的体貌特征（从肤色、眼色、头发、脸形、鼻梁、嘴唇、身材等方面）。接着，教师展示白色人种和黑色人种的照片，组织学生进行对比、分析。最后，让学生进行归纳，总结世界上三大人种的主要特征。学生的学习能力和思维素养在探究活动中得以提升。

（三）采取多样化的教学方法

教学方法的选取直接影响教学成效，在组织教学时，应结合教学内容和学生的实际来选取教学方法，使教学内容的呈现方式多元化，有效激活学生手、眼、脑的潜能，让学生乐于学习、善于学习。在组织地理教学时，可以运用编顺口溜、地图法、归纳概括法、联系法及合作探究法等，将它们进行优化组合，以提升学生的学习能力和学习素养，实现教学成效的最大化。例如，学习“发达国家和发展中国家”时，需要学生了解地球上各个国家和地区，了解发达国家和发展中国家的地区分布。在组织教学时，可以选取学案导学法、自主学习法、合作探究法和读图析图法这几种主要的教学方法。先引导学生预习教材，完成学案填充。接着，组织学生进入自主学习环节。读教材，完成表格填充，从国家面积大小、人口多少、政治制度三个方面进行分类，归纳相关的国家类型。展示8个国家的收入，引导学生进行合作探讨：国家之间还有哪些差异？指导学生学会读经济坐标图。通过多种教学方法的优化组合，提升了学生的地理技能素养。

（四）运用多元化的评价机制

学生的核心素养发展如何，评价是关键。我们不能将评价简单地理解为考试，评价存在于教学的整个过程之中，包括教师的点评、学生的互评、师生的课堂互动、生生互动等。评价既存在于教学过程中，也存在于课后的检测、知识的运用中，需要教学工作者运用多元化的评价机制来检测、督促教学。例如，在学习地形知识时，可引导学生自制地形模型，这样更形象、直观。在组织学生制作模型时，教师应指导学生制作出山谷、山脊，并画出等高线。教师适时点评，组织学生互相观摩、评价。在展示五种陆地地形特征时，采取学生归纳、学生互评的模式。这样，让学生主动参与教学评价的整个过程，达到了及时反馈的效果。

五、鼓励学生阅读，进行课外拓展

教材上的地理知识是远远不够的，学生对地理知识的学习不应该局限于此。教材上的内容只是一个重点体系的概括，还有许多分支需要扩充。教师可以鼓励学生在课外进行有关书籍的阅读。对自然地貌感兴趣的同学可以进行扩展阅读，对人文习俗感兴趣的同学可以查找资料或实地考察。形式可以变化多样，不拘泥于一种。总之，要鼓励学生进行深度学习，培养学生对地理学科的兴趣，扩展知识面。

六、积极进行反馈，反思教学过程中的不足

教学的过程要以学生为主，教师要积极听取学生的意见反馈，对大多数

学生提出质疑的地方要及时进行修正，培养学生独立思考能力与批判精神。目前的地理课堂中仍存在许多问题，如教师准备不足、学生有抗拒心理、学校没有给予足够的重视等，这些都制约了地理教学的进步。教师应该端正态度，进行教学创新，优化教学的每一个步骤，让初中地理课堂焕发生机。

综上所述，要实现核心素养视域下初中地理教学的优化，需要教师在平时的教学实践中积极探索、研讨，以实现学生地理核心素养的不断提升。

第五章　核心素养视域下的初中地理教学实施

第一节　培养学生地理核心素养的意义和对策

一、培养学生地理核心素养的意义

地理核心素养是一个系统性、体系化的定义，包含地理的知识、思想、方法、品质和能力。

人才是衡量一个国家综合实力的重要指标，21 世纪国家之间的竞争归根到底是高素质人才的竞争。培养学生地理核心素养，有助于为国家培养高端的实用型地理人才，为国家地质勘测、地表水文研究、地下资源开发等提供强大的人才支撑。

二、培养学生地理核心素养的对策

（一）培养学生看图用图能力

地理学科一定意义上更偏重“理”，学生通常感觉内容很抽象，入门很困难。地图是地理的核心，没有对地图的认识和理解，地理学习必然是困难重重的。在初中地理教学中，教师要有意识、有目的地培养学生看图、识图、用图的能力。

1. 教师要以图教学

教师在教学过程中要尽可能地采用地图教学，有意识地引导学生利用地图来学习，利用地图来思考分析和解决问题。比如，在“地球和地图”的教学中，教师可以用多媒体课件制作出地球转动的示意图——地球围绕太阳公转的示意图，地球围绕地轴自西向东自转的示意图，进而延伸到经纬线、东西半球的划分等示意图。在这个基础上，还可以扩展到昼夜交替、四季轮换、五带划分、公转轨道平面与地轴夹角等一系列示意图，让图“越画越大”，以图为载体圈进的知识内容越来越多。不仅能让学生通过看图对知识有直观感受和深刻理解，而且能培养学生读图用图的能力。

2. 引导学生自觉用图

初中地理中的等压线、利用等高线绘制地形剖面图等都是相对比较难的部分，这就要求教师在教学过程中注重对学生用图能力的培养。比如，分析某一地区的地形状况和气候变化，教师可以首先引导学生通过地形剖面图确定其是山地、高原、平原、丘陵中的哪一类，然后让学生在地图上找出这一地区的类似位置，最后确定该地区的气候变化规律。在这一学习过程中，通过教师的引导，学生不仅掌握了知识，而且形成了地理空间想象的迁移和复合能力，这也是培养核心素养行之有效的方法。

（二）强化学生思维能力的培养

1. 科学设置课堂提问

地理思维能力是地理核心素养的重要组成部分，在地理教学中，可以借助有效的课堂提问来实现地理思维能力的培养。课堂提问要设置恰当，提出的问题既能让学生感觉富有挑战性，又能通过学生深入的思考和分析得以解答。同时，教师的提问应当符合情境的需要，借助问题引发学生关注，有计划地把学生带入预设的情境，真正让学生感觉到自己有问题需要解决，从而激发学生钻研探索的欲望。比如，在学习气温时，教师向学生提出问题：我国南方与北方的气温差别是什么原因造成的？气温的分布规律是什么？海洋和陆地气温有什么差别？学生结合所学知识认真地进行思考，分析得出太阳照射的变化是导致气温变化的主要原因，也就是气温变化是由纬度不同造成的，进而引发学生对地域温差、气温分布规律和同纬度下陆地与海洋温差的思考。通过层层思考、缜密分析推理，提升了学生的核心素养。

2. 引导学生分组探讨

教学实践表明，在课堂教学中进行分组讨论和合作探究式学习，能够激发学生的学习兴趣，推动学生思维能力的培养和提升。在这个过程中，教师要进行必要的引导和点拨，让学生在探讨中更好地分析问题和解决问题。比如，在学习气候时，教师让学生分组探讨：气候的地区分布有何差异？影响气候的因素主要有哪些？我们当地主要是什么气候？人类活动和气候之间是一种什么样的相互作用关系？学生在对问题进行思考的基础上，交换观点，碰撞思想，并引发更大范围和更深层次的思考。这个过程其实并不在于学生是否能够回答好教师提出的问题，而在于探讨过程中思维能力的培养和实际操作中分析解决问题能力的锻炼。

(三) 借助有效教学工具

1. 借助生活化道具

实践证明，在教学中借助生活化道具，有助于吸引学生的注意力，提升学生的参与度，引发学生更多的思考。比如，在“多变的天气”的教学中，教师可以借助中央电视台天气预报栏目这一生活道具。“西部地区气温逐渐升高，华中地区可能出现雾霾。”“云贵高原东部地区可能出现暴雨并伴有短时雷雨大风。”借助天气播报员的手势指示和介绍，让学生认识天气的种类。同时，借助天气预报，还能带动学生对全国区域划分和地域概念的学习，让学生在头脑中能够立体地呈现出来。

2. 充分运用多媒体

在地理课堂教学中，教师应当充分利用多媒体图文并茂、声形并入、动态立体的特点进行教学。例如，在“板块的运动”教学时，大多数学生头脑中没有概念，不清楚板块到底是怎样运动的。教师可以运用多媒体，动态地展示六大板块各自的运动方式。通过这样的直观呈现，学生清楚了板块运动的过程和规律，而且锻炼了思维能力。

总之，地理教学的关键在于培养学生的地理核心素养。培养学生核心素养的方法多种多样，没有唯一的答案。培养学生看图用图能力、强化学生思维能力的培养、借助有效教学工具，能够引发学生更多思考，让学生对知识的把握更深入更透彻，能够更好地解决地理问题。

第二节　核心素养视域下地理实践力的培养

核心素养的提出，是对三维目标的发展和深化，为教育教学的发展指明了方向。初中地理核心素养包括人地协调观、综合思维、区域认知和地理实践力。把地理实践力列为初中地理四大核心素养之一，贯彻了育人的教育目标。因此，在新一轮课程改革中，教师要高度重视学生地理实践力的培养。

一、地理实践力的内涵和意义

地理实践力是在运用地图工具、地理模拟实验和演示、地理观察和测量、地理野外考察和社会调查、生活中定位和出行等活动中实践能力与品质的综合表现。学生具备地理实践力，有助于提高地理知识应用能力、环境适应能力、解决实际问题的能力。

二、地理实践力的培养策略

（一）立足课堂教学，培养学生的地理实践力

1. 地理模拟实验和演示

地理模拟实验和演示是一种直观、形象的教学方法，能高效率地展示某

一地理知识、原理和过程，揭示地理事物的分布、发展和变化规律。它可以培养学生的观察能力、地理思维能力、组织与沟通能力等，并且能吸引学生的注意力，提高学生的学习热情，进一步增强地理教学的实效性。

例如，教师在讲授水循环的过程时，可以分组进行模拟实验。每组准备两个玻璃杯，往一个玻璃杯中倒入热水后用杯盖盖住玻璃杯，往另一个玻璃杯中装入少量干沙子后加一些冰块，静置几分钟。接着，引导学生观察。杯盖上出现小水珠，模拟了蒸发环节；把杯盖翻过来小水珠会掉下来，模拟了降水环节；干沙子变湿，模拟了下渗环节。最后，可用该实验演示海陆间循环的主要环节，热水代表海洋，沙子代表陆地，杯盖上出现小水珠代表海洋的蒸发环节，把杯盖从装有热水的杯子移动到装有沙子的杯子代表水汽输送环节，把杯盖翻过来小水珠掉下来代表陆地的降水环节，干沙子变湿代表陆地的下渗环节。不能演示陆地的径流环节。

2. 制作地理教具

制作地理教具是指学生根据所学地理知识，小组合作，共同设计并制作地理教具。制作地理教具有利于加深学生对知识的理解，同时能够培养学生的创新设计和合作探究能力。

例如，在讲授三圈环流后，可以分组制作三圈环流模型。每组准备 1 个充气地球仪、3 个白色纸环、2 卷纸条（粉红色和深绿色）、6 个红色箭头、1 把剪刀和 1 捆双面胶等材料。用 3 个白色纸环表示三圈环流，粘贴在充气地球仪上，并用笔画出箭头，表示每个环流圈的大气运动方向。用纸条表示全球的 7 个气压带，粘贴在充气地球仪上（粉红色代表 3 个低气压带，深绿色代表 4 个高气压带）。用 6 个红色箭头表示全球 6 个风带的风向，粘贴在充气地球仪上。

3. 地理角色扮演

地理角色扮演是指让学生扮演地理事物角色，通过拟人化的手法，生动形象地解决地理问题。它能使学生进行充分的体验，全面提高学生分析和解决问题的能力。

例如，在讲授锋的类型时，可以分组进行角色扮演，演示冷锋、暖锋和准静止锋。每组选 3 名学生，个子矮的学生扮演冷气团，个子中等的学生扮演暖气团，个子高的学生扮演锋面，站在个子矮的学生和个子中等的学生中间，且手上拿着写有“锋面”的标志。演示冷锋时，个子中等的学生不动，个子矮的学生主动向个子中等的学生移动；靠近后，个子中等的学生蹲下，个子高的学生身体向个子中等的学生倾斜。演示暖锋时，个子矮的学生不动，个子中等的学生主动向个子矮的学生移动；靠近后，个子矮的学生蹲下，个子高的学生身体向个子矮的学生倾斜。演示准静止锋时，个子矮的学生和个子中等的学生同时向个子高的学生移动，靠近后，来回移动。

（二）开辟户外活动，培养学生的地理实践力

1. 开展地理观察和测量

地理观察和测量是学生利用地理知识来解决实际问题的一种方式。一方面，让学生学以致用，关注生活；另一方面，锻炼了学生的观察能力和动手能力。

2. 开展乡土地理调查

乡土地理调查是对当地的地理位置、气候、地形、水文、土壤、农业、工业、交通和人口等地理要素进行调查。它可以让学生深入家乡，发现和解决地理问题，具有很强的实践性。

3. 开展地理野外考察

地理野外考察把抽象的地理学理论与实际的地理现象结合起来，使学生可以真正理解课堂上所学到的知识。

4. 借助家校合作，培养学生的地理实践力

家校合作有利于推进教师、学生和家长“三位一体”，让地理实践力的培养具有连贯性和持续性。

例如，在寒暑假的亲子旅行中，要求学生关注旅行地的自然地理特征和社会经济地理特征。这样，学习“区域地理”时，能更好地记忆、理解和运

用知识点。

第三节　核心素养视域下地理读图能力的培养

培养学生地理读图能力是初中阶段地理教学中重要的教学内容之一，是初中地理培养学生核心素养的必经之路，是提升初中地理教学效率的有效途径。地图中有很多地理信息，借助地图可以发现地理事物间的关联。当前我国初中生的读图能力普遍不高，导致他们利用地图获得的地理信息非常有限。初中地理教师只有了解地理核心素养的内涵和构成及学生读图中存在的问题，才能从培养核心素养出发进行教学改革，才能更好地把握教学的方向。

一、初中地理读图能力培养中存在的问题

（一）学生的地图信息获取能力薄弱

地图是对相关信息进行高度浓缩及整合而形成的图片。一张小小的平面地图蕴含着世界板块分布、区域链接、地形分布以及交通路线等丰富又复杂的地理信息。地图上的每一块区域都涵盖了丰富而有用的信息，有的学生在进行地图分析以及通过地图获取信息时，会感觉十分生疏，理不清头绪，从地图中获取信息十分困难，能获取的有用信息少之又少。

（二）学生缺乏地理读图兴趣

由于地图中涵盖的信息十分广泛，教师的教学形式过于单一，讲述的内容比较枯燥无味，导致大部分学生对学习读图没有兴趣，上课经常走神，注意力不能集中。有的学生不愿意花费时间去熟悉地图结构，以致学生读图效率十分低下。同时，因为学生缺乏地理读图兴趣，使教师的教学难以达到期望的效果。

（三）学生缺乏地理读图思维

由于缺乏地理读图思维和读图技巧的相关训练，学生在进行地理读图学习时，会出现读图效率低下的情况。教师在地理读图教学的过程中，经常会忽略培养学生的自主读图能力，忽视对学生进行相关读图思维和读图技巧的训练，而是直接告知学生地图中的信息。长此以往，导致学生不会读图，学生课后只会对地图信息进行死记硬背。随着所学的地理知识逐渐增多，学生地图读图学习越来越吃力，经常出现记混、漏记、错记等现象。

二、核心素养视域下初中地理读图能力的培养方法

在初中地理教学中，加强学生读图能力的培养，既可以帮助学生轻松、高效地掌握所学知识，还能够为其思维能力的进一步发展创造良好的条件，全面提升学生分析解决问题的能力。此外，读图能力的高低，对学生初中地理学习质量也有着直接影响。对此，初中地理教师应给予足够重视，积极探索，尝试更新颖、多样化的培养策略。

（一）地图概况引导式说明，激发学生的读图兴趣

兴趣是促进学生积极主动学习、探究相关知识的重要动力。对于初中生来说，在学习地理知识的过程中，地图是不可或缺的一项工具。在地理课堂上，很多教师未重视教材中各种图的灵活应用，导致学生读图能力未得到显著提升。再加上地理教材中的很多图比较复杂，导致很多学生对读图有一定的抵触心理。就近几年的考试题目来看，越来越重视学生读图能力的考查。为了促进学生读图能力的进一步提高，教师应重视学生读图兴趣的培养。在实际授课中，应根据教学内容、学生特点应用多元化教学方法，既有助于激发学生的学习积极性，又能够促进授课效率的大幅度提升。

学生有了学习兴趣，对地理的学习才会有动力，才会积极主动学习、探究相关知识。地图学习是初中学生地理学习的主要内容，面对复杂、繁多的地图信息，很多学生对读图有一定的抵触心理。教师应做好地图概况引导式

说明，让学生在一定程度上了解地图中涵盖的信息和地图的功能等，激发学生的思考和对读图的学习兴趣。教师应重视学生读图兴趣的培养，为以后的学习奠定坚实的基础。教师在实际授课过程中，要结合教学内容及学生特点，运用多元化的教学方法进行教学。这样，不但有助于激发学生的学习积极性，而且能提升教师的授课效率和教学质量。

例如，教师在教学“地球和地球仪”时，可以运用引导式的教学方法。当教师了解到大多数学生对宇宙中的地球比较感兴趣时，可以先进行“地球的运动”相关知识点的讲述，激发学生对地理学习的兴趣，并引导学生思考：从地球围绕太阳公转的示意图中，你知道了什么？教师在全面激发学生学习的积极性后，又以地球的自转为例，为学生展示太阳日、恒星日的示意图。这样能很好地吸引学生的注意力，激发学生的读图学习兴趣与思考欲望。然后，教师再进行其他知识点的讲解。这样，既有助于培养学生地理学习的兴趣，又让学生的综合学习能力得到进一步提升，真正发现读图的价值与乐趣，从而为学生今后的地理学习奠定坚实的基础。

（二）注重良好读图环境的创设

教师应重视良好环境的创设，培养学生的读图能力。教师可以在教室中粘贴一些比较常见的地图，在潜移默化中提升学生的读图能力，使学生对各种地图产生深刻认识，从而帮助学生减轻学习负担，有效提高学生的地理学习、应用能力。教师在教学时，可以将重要的图表进行展示，如中国商品粮基地分布图、中国商品棉基地分布图、中国油田分布图等，或者是林业方面的中国草原资源等。

教师在选择地图时，应结合不同阶段的教育培养目标以及学生的认知发展需求进行筛选。接着，教师在班级为学生展示相关示意图。这不仅创设了良好的读图环境，还节省了学生的学习时间，提高了学生的学习效率。

（三）要引导学生基于观察完善地图信息

学生要想看懂地图，观察极为重要。教师要告诉学生，在读图时，不能仅仅通过图上呈现的一些线和一些点思考问题，要善于从整体入手，这样可以使学生从不同层面进行观察和理解，了解的知识更全面。要引导学生基于点或线，对图上相关内容进行整体感知与把握。对于地图，不能只注意表面的内容，还要深入挖掘其蕴含的内容，只有将相关地理知识与图片进行有机整合，才能促进学生读图能力的不断提升。

例如，教师在教学“地图”时，首先，要让学生判断眼前的地图属于哪一种类型。接着，教师要让学生明确读图的目的，明确需要从信息繁杂的地图中提取哪些信息。然后，让学生通过看图例，了解地图中涵括哪些地理事物；通过看方向，了解地图中的东西南北方向；通过看比例尺，了解地理范围的大小。学生通过认识地图的三要素，就能很好地完善地图中表达的相关信息，为解决问题打下基础。最后，要让学生认真读图，依照提取出的信息解决问题。比如：在了解河流的时候，要从上游指到下游；在了解某个行政区域的时候，要沿着行政区域的边界沿线指一圈；在地图中指示每个城市、地点的时候，要准确地指向一点。这种良好的读图习惯，不仅能够让学生对地图加深印象，还有助于学生读图能力的进一步提高。

（四）有机整合教材文字与图片

教师应该加强教材文字与图片的有机整合，科学地培养学生的读图能力，结合教材文字材料拓展学生的读图能力。教师在地理教学过程中，可以借助多媒体将有关内容通过视频或者幻灯片的方式播放出来。

比如，教师可以把南方地区自然特征和北方地区自然特征这两个知识点相比较进行教学。如果仅仅通过一幅图，学生难以把其中的内容和信息准确完整地读出来。结合文字说明进行有机整合，学生就可以将这幅图中所呈现的信息准确读出来。教师要学会运用多媒体信息技术，优化学生读图能力的培养。教师可以在微课中录制关于南北方地区自然特征的对比和特征成因的阐述，开拓学生的思维，引导学生进行更加深入的思考，从本质上提升学生的地理读图能力，提升学生地理学科核心素养。教师通过教材文字、多媒体信息，可以为学生读图能力的进一步发展创造良好的条件。有机整合教材文字与图片，对培养学生读图能力有促进作用。

综上所述，初中地理教师要充分认识培养学生读图能力的重要性。读图能力的培养不论是对学生的地理综合素质，还是对教学质量，都有关键的作用。初中地理教师应在教学过程中，结合不同阶段的教育培养目标以及学生的认知发展特征，积极探索，尝试更新颖、多样化的培养策略，优化地理教学手段，培养学生的读图能力。

第四节　基于核心素养的初中地理课程改革

一、丰富地理课堂的教学内容

地理知识是丰富多彩的，教师要适当地进行拓展，延伸教学内容，开展有趣的教学活动。初中学生尚不具备较强的自制力，在上课时难以保持精神的长时间集中。这时，教师需要构建出趣味化的地理课堂，使学生能够在兴趣的驱使下，更好地去探究地理世界，掌握更多的地理知识。

二、改进和优化地理课堂结构

教师在开展地理知识的教学时，需要将自然地理与人文地理融合起来，使学生掌握更多的地理知识和技能，锻炼学生的生存能力。要使地理课堂保持开放性，延伸学生发展的空间，激活学生的内在潜能。改进和优化地理课堂结构，需要确立学生在课堂中的主体地位，要深入分析和挖掘学生的内在潜能，准确把握课堂教学的流程，给予学生发展的充足空间。高效的地理课堂，需要教师既重视教学结果，又重视教学过程。

例如，在教学纬线和经线的内容时，教师要给学生布置预习任务，学生要认真阅读教材内容，将自己的问题和疑惑记录下来。在上课时，教师要认真为学生讲解经纬线的知识。需要注意的是，教师所讲解的知识，与教材内容相比要更加清晰。之后，教师要给学生进行示范，使学生能够更好地理解经纬线。学生需要准备好地球仪，将地球仪上的经纬线准确指出来，同时还要将地球俯视图上的经纬线准确指出来。最后，教师可以给学生提出问题：为何要划分经纬线？划分的依据是什么？通过这样的方式，锻炼和提高学生的思维能力，加深学生的记忆和理解。

三、完善地理课堂教学评价

在初中地理的教学过程中，教学评价是至关重要的。教学评价能够让学生了解当前知识的掌握情况，教师也能够了解教学效果，教师与学生都能够查缺补漏，不断完善和优化课堂教学，构建出高效课堂。教学评价具有及时性，能够让教师、学生及时了解教学情况，向着正确的方向不断前进。教师在进行教学评价时，不仅需要重视课堂教学的结果，还需要重视课堂教学的过程，要善于发现学生的点滴进步，并给予适当的肯定和鼓励，提高学生学习地理的自信心。

例如，在教学我国水资源的内容时，教师在实际的教学过程中，需要观察学生的学习态度和学习过程。如果学生在回答问题时较为全面，思路也十分清晰，教师则要将学生的这些表现记录下来。在完成某阶段的教学后，教师需要开展教学评价，表扬表现较好的学生，指导存在问题的学生，使学生愿意学习地理知识。

四、提高学生的自主意识

学生在发展和成长的过程中，需要具备自主发展的能力和意识，这样能够让学生更好地了解自己，发挥自己的作用和潜力，明确自己发展的方向。初中阶段的学生正处于青春期和叛逆期，教师要尊重学生不同的想法与个性，鼓励学生多多表达自己的看法，敢于质疑，愿意合作，使学生拥有展示自我的机会，这样能够为学生日后的学习和成长做好铺垫。

例如，在教学有关地图的内容时，教师可以进行分组，并给各小组发放地图。各小组需要分工合作，借助团队的力量挖掘出地图上的信息。在学生分析和探究的过程中，教师也要参与其中，给学生一些提示。这样能够提高学生的自主发展意识，提高学生的自主学习能力。

五、提高学生的实践能力

在新课改的背景下，教师要注重学生核心素养的培养。地理学科具有较强的应用性，教师在教学时需要结合实际生活，注重提高学生的实践能力，使学生能够更好地认识和了解社会，增强学生的社会责任感。

例如，在教学我国自然资源的内容时，教师可以让学生从自己的角度出发，分析如何保护自然资源。有的学生说，在洗手、洗脸时要节约用水。有的学生说，要认识到保护自然资源的重要性，从点滴小事做起，不浪费粮食、纸张等。通过这样的方式，能够让学生懂得如何从身边做起，保护我国有限的自然资源。这样有利于提高学生的资源保护意识，使学生具备较强的社会责任感。

总之，基于核心素养的初中地理课改实践，是对初中地理课堂教学不断优化的过程，也是对初中地理课程建设不断完善的过程；是教育实践智慧聚焦的过程，也是初中师生不断取得进步的过程。教师需要从学生的实际情况出发，采用各种各样的方式改善教学结构，激发学生潜力，培养学生的自主意识和环境保护意识，构建出合理高效的课堂。

第六章　核心素养视域下的初中地理教学评价

第一节　初中地理教学评价的内涵

地理教学评价属于地理教育评价的范畴，是地理教育评价的重要组成部分，也是核心内容，决定着地理教育改革的方向。地理教育评价的概念又是建立在评价及教育评价概念的基础上。因此，要了解地理教学评价的内涵，首先应该了解评价及教育评价的发展历史，了解什么是评价、什么是教育评价、什么是地理教育评价等。只有了解了这些相关的概念，才能更好地把握地理教学，促进地理教学改革。

一、现代教育评价理论的产生与发展

教育评价是随着学校教育的发展而发展的。无论在西方还是在中国，教育评价理论与教育评价活动，都有一个产生和发展的过程，都有一个不断改进和完善的过程。

（一）西方教育评价的发展历程

西方教育评价的发展可粗略分为三个阶段，即测验运动阶段、评价理论形成和平稳发展阶段、评价专业化阶段。

1．测验运动阶段

学校出现以后至 20 世纪 30 年代以前的这段时期，教育评价活动一直以测验为主，追求测验的标准化，因此称为测验运动阶段，也是教育评价的萌芽阶段。

2．评价理论形成和平稳发展阶段

20 世纪 30 年代至 50 年代是评价理论形成和平稳发展阶段。人们针对教育测验无法把有关人的社会态度、兴趣爱好、思想品德等都精确地用数字表示出来的弱点，对测验提出质疑乃至批判。此时正值美国经济危机后，学生的需要与学校课程间出现尖锐冲突，教育家在反省、批判以往教育观点的基础上，提出对课程内容进行试验研究。课程改革需要一套符合新课程目标的考核方法，为解决此问题，以泰勒为首的学者们从 1933 年到 1941 年间，进行了历时 8 年的研究，史称“八年研究”。在 1941 年“八年研究”的报告中，第一次提出关于教育评价的概念，认为教育评价就是衡量教育目标的实际达到程度，目标是评价的中心和依据，并提出较为完整的评价指导思想和方法。这标志着教育评价理论的形成，其评价模式被称为以目标为中心的模式或泰勒模式。

3．评价专业化阶段

20 世纪 50 年代末至今，教育评价进入百家争鸣、蓬勃发展、专业化形成的阶段。20 世纪 50 年代末，泰勒的以目标为中心的模式受到严峻挑战，西方教育评价界形成了百花齐放、众说纷纭的局面，各种新的理论和评价模式不断地被提出，各种评价研究机构、评价组织和专业性杂志如雨后春笋般地涌现。随着教育和社会发展，教育评价理论和实践已成为当今教育研究领域的一个热点。从 20 世纪 80 年代中期开始，发展性教育评价理论引起了世界范围内的广泛重视，并逐渐成为教育评价领域的核心理念。

（二）我国教育评价的发展历程

我国教育评价活动从先秦的选士到清末废除科举制，经历了大约 3000 年的发展历史，仅科举制就延续了 1300 多年，积累了丰富的考试经验。但这一时期仍处于教育评价经验活动层面，缺少理论研究。直到 20 世纪 80 年代，教育评价理论研究开始受到重视，教育评价实践蓬勃发展，教育评价机构及群众性的学术团体纷纷出现，论文、专著大量问世。这标志着教育评价作为教育科学的一个分支学科已经形成，教育评价在教育改革和发展中的作用越来越明显。我国新一轮课程改革提出的评价理念已和国际教育评价发展接轨。

二、评价及教育评价的含义

（一）评价的含义

“评”，即评定、评判之意；“价”，即价值。评价是指引出、阐释、衡量人物或事物的价值，也泛指人们根据自己的需要和见解，对作为客观存在的人或事所具有的价值的判断与衡量，其实质是促进人或事的改善与发展。评价是人的行为自觉性、反思性的体现，也是人类的一种认识活动。价值是客体与主体需要的一种关系，当主体需要时，客体在某种程度上满足了主体需要，就形成了客体对主体的价值。离开主体需要谈论客体的价值是毫无意义的。评价就是主体根据一定的标准对客体的价值做出判断的活动。标准是进行价值判断的尺度，没有标准就无法进行价值判断。

评价的本质是价值判断，是评价者对评价对象的某一方面的价值做出的判断。不管当事人是否意识到，当某种活动开始时，评价就成为其必然的组成部分。随着人类的不断发展，评价已成为现代社会的一种必然的自觉现象，任何事件在进行规划时，就开始了评价，评价活动伴随着人们的生活而客观存在。评价活动也一直在教育教学中发挥着巨大作用。

（二）教育评价的含义

教育评价的内涵是什么？至今为止仍然没有统一的认识和界定，很多著名学者都曾对教育评价提出了自己的论述。1981 年，美国教育评价标准联合委员会发表了他们对教育评价的定义，即教育评价是对教育目标和它的优缺点与价值判断的系统调查，为教育决策提供依据的过程。

教育评价的内涵应该包括：①教育评价是一种用各种手段获取资料并进行科学的处理，用以确定学生水平和教师教学有效性的方法。②教育评价包括收集各种考试的成绩评定及反映学生学习状态的证据。③教育评价是实现教育的总目标和教学任务的具体目标的手段，是用来检测学生是否按这些目标方向发展的过程。④教育评价作为一个“反馈-矫正”的系统，用来在教学过程的每一个环节中判断教学的有效度。如果有效度高，说明矫正得好；如果有效度差或者无效，应立即采取补救的措施，以确保矫正的高效度。⑤教育评价是教育科研和教育实践的重要工具。

我国多数学者认为，教育评价是指通过系统地采集和分析信息，对教育活动满足预期需要的程度做出判断，以期达到教育价值增值的过程。

三、初中地理教育评价的含义

地理教育评价是对地理教育系统的结构与功能、过程与效果以及其他有关方面所做的价值判断。可以从以下三方面理解地理教育评价的含义。

（一）地理教育评价对象

地理教育评价对象包括地理教师（教师个人素质、在地理教学中的行为表现等），学生（学生在地理学习中的态度、兴趣及个性、相关能力、学业表现等），地理学习资源（课程标准、教材、教学辅导材料、多媒体技术等），地理学习环境（课堂氛围、师生教与学的交流、社会或文化背景等）。

（二）地理教育评价范围

地理教育评价包括课程评价和教学评价。由于教师和学生是课程与教学实施过程中的主体，因此课堂教学评价、学生学习评价和教师评价都是地理教育评价的重要组成部分。

（三）地理教育评价功能

地理教育评价的过程就是搜集和处理信息的过程，也就是通过搜集和处理各个评价对象的发展信息，从而了解地理教育工作的进展，发现问题，做出价值判断，进一步改进地理教育决策，以更好地促进地理教育中人的发展。

地理教育评价的过程就是搜集和处理信息的过程。收集信息的目的：一是给学生个人提供有关表现的绝对信息和相对信息，包括学生在地理学习中的强项与弱项、地理学习活动的质与量、学习习惯等。例如，学生目前掌握了哪些地理知识？掌握的知识与以前相比有何变化？学生地理思维有哪些进步？……将这些信息提供给学生，最终目的是帮助他们取得发展，使他们掌握学习方法，调整学习方式，提高学习效果。二是为教师了解学生的地理学习状况提供信息。通过地理教育评价，可以给教师提供有关学生个体的情况与发展信息，以及有关学生群体的情况和发展信息。三是给家长、学校及相关部门提供信息。

四、初中地理教学评价的内涵

地理教学评价是指在地理教学过程中有计划、有目的地观察、测定教师教学和学生学习的种种变化，根据这些变化对照教学目标、教学计划、教学效果、学生的学习质量及个性发展水平，运用科学的方法做出价值判断，进而调整、优化教学过程的教学实践活动。地理教学评价主要包括：教学过程的评价、学生学习的评价及教学效果的评价。地理教学活动是教师和学生的双边活动，是在教师的指导和帮助下，学生主动获取地理知识、提高地理技能、激发地理学习积极性的过程。教学活动的主体是学生，教学活动的目的是达到预期的教学目标，从而实现地理教学的价值。地理教学评价是指通过评估教学活动本身的效果，反馈、调节教学和学习活动过程，达到提高地理教学质量、促进学生的地理学习和发展的目的。

在教学过程中，主要从以下几个方面对学生的地理学习进行评价：参与地理活动的程度，合作交流的意识与能力，地理思考与发展水平，发现问题、提出问题和解决问题的能力。地理学习评价是指有计划、有目的地收集有关学生在地理知识、地理能力和对地理的情感态度与价值观等方面的证据，并根据这些证据对学生的地理学习状况做出评价的过程。

对学生而言，评价的主要作用是：反映学生地理学习的进步，增强学生学习地理的信心；发现学生在地理学习中存在的困难，及时调整和改进地理学习过程；全面了解学生地理学习的历程，帮助学生认识自己在地理能力和学习方法上的优点和不足。

就教师而言，评价的主要作用是：及时反馈学生地理学习的信息，了解学生地理学习的进展和遇到的问题；及时了解教师自身在知识结构、教学设计、教学组织等方面的表现；根据实际情况调整和改进教学计划和教学方法，使教学更适合学生的学习需要，更有利于学生的地理学习。

初中地理教学评价是地理新课程实施的关键，理解评价、教育评价、地理教育评价和地理教学评价等的内涵，正确认识和实施地理教学评价，是每一位地理教师应该关注的至关重要的问题。

第二节　初中地理教学评价的功能与原则

地理教学评价是地理教育评价的子系统，地理教育评价又是教育评价的组成部分。因此，研究地理教学评价，要与教育评价联系起来进行探讨。

一、初中地理教学评价的功能

教育评价的功能是指导全面搜集和处理评价对象在教育活动过程中的真实信息，从而改进教育决策，促进教育的发展。美国教育评价专家克龙巴赫认为，评价能完成的最大贡献是确定教程需要改进的地方。

地理教学评价的功能是指地理教学评价活动本身所具有的能引起评价对象变化的功效和能力，它通过地理教学评价活动与结果，作用于评价对象而体现出来。地理教学评价的基本功能是收集教学对象在地理教学活动中的各种信息，并对这些信息进行主观的归因解释，从而实现促进学习者改变学习态度、改进学习方法、增强学习信心、产生学习动力，促进教育者调整教学目标和教学计划、改进教学方式、有针对性地对学生的地理学习提出建议，帮助每一个学生谋求地理学习上的发展。

（一）导向与管理功能

地理教学评价具有引导评价对象向预定地理教学目标前进的功效和能力，即对地理教学具有指导的作用，这是地理教学评价的本体功能。地理教学评价对地理教学起着潜在的制约作用；对教育方针的贯彻和地理教学目标的实现有很强的制约和保证作用；通过教学评价结果的反馈，指导评价对象向地理教学目标努力。

地理教学评价的导向功能体现在三个方面：一是对学校教学管理的导向。二是对教师教学的导向。三是对学生学习的导向。《义务教育地理课程标准（2022年版）》中地理教学评价的导向与管理功能体现为：让学生经历地理知识的形成与应用过程；鼓励学生动手实践、自主探索与合作交流；尊重学生的个体差异，满足多样化的学习需要；注重地理知识之间的内在联系，提高学生提出问题与解决问题的能力；帮助学生树立科学的态度，形成积极的情感态度和正确的价值观。

（二）反馈与调控功能

反馈与调控功能是指通过地理教学评价反馈地理教学过程中有关的信息，并根据反馈的信息对教与学进行调节与控制的功效和能力。通过对学生地理学习的各种形式的检查、评价，反馈教学过程中存在的问题与学生学习情况的差异，教师可以对自己的教学做出评价和反省，调整教学过程，控制教学进度，改进教学策略，尽快达到预定的教学目标。学生可以调节和控制自己的地理学习策略与方法，尽快达到课程标准所规定的目标。反馈与调控功能是地理教学评价价值的重要体现。如果反馈的信息准确，调节与控制地理教学符合课程标准的要求，那么地理教学评价就取得了最佳效果，达到了地理教学评价的目的；反之，将会影响评价效果。因此，反馈与调控功能在地理教学评价中占有重要的地位。

（三）激励与促进功能

地理教学评价的激励与促进功能是建立在反馈与调控功能基础之上的。反馈与调控的目的是激励与促进学生对地理产生兴趣，调动他们学习地理的积极性和主动性，这是学好地理的重要前提。地理教学评价的激励与促进功能主要是指通过评价激发受教育者的学习动机，促进受教育者朝着期望的目标前进。地理教学评价的激励与促进功能不完全体现在以考试为主要评价方式的量化评价中，它大多体现在质性评价中。因为质性评价可以调节与控制学生的认知冲突，调控学生的情感与态度，在地理教学过程中逐渐使学生形成正确的价值观。例如，在学生正确回答一个问题后教师的几句表扬的话、在与学生的交谈中对学生的积极评价与鼓励、对学生地理探究能力的欣赏与赞许等，通常都会增强学生学好地理的信心，激励与促进学生积极进取、奋发向上，从而促进学生的发展。地理教学评价除了激励与促进的功能外，还有抑制与压抑的功能。当评价不公正时，就起不到激励与促进的作用，反而会抑制学生的情绪和学习的积极性，从而阻碍学生的发展，这就体现了教学评价的两面性。

（四）诊断与甄别功能

地理教学评价具有对评价对象的教学目标达到程度、合格与否、优劣程度、水平高低的判断与确定的功效和能力。它主要通过对教学评价对象相关资料的收集、整理、分析、判断得以实现。地理教学评价的诊断与甄别功能是由地理教学评价的自身特点所决定的，通常被用来诊断与甄别教师的教学水平和学生的学习水平。

除了对学习的结果进行诊断外，还要对教学过程中学生的思考水平、解决问题的能力、情感态度和价值观等方面进行诊断，从而全面了解地理教学现状和学生的地理学习过程。诊断的最终目的不是甄别，而是对每一个学生进行有针对性的教育和补救，使之达到预计的地理教学目标。

（五）研究功能

地理教学评价的研究功能是指地理教学评价具有探索地理教学过程中的一些现象或活动（包括教学评价活动本身）的规律，利用地理知识解决问题等方面的功效和能力。多年的地理教学实践证明，教学评价在发现、解释、预测教学过程中的一些现象或活动的事实或趋势方面起着很大的作用。地理教学评价可以促进教师潜心研究地理教育理论，认真学习课程标准，深刻理解课程标准的基本理念，大力开发课程资源，探索地理教学的方式和方法，从而使广大的地理教师由经验型转变为科研型。

（六）教育功能

地理教学评价的教育功能是指地理教学评价对教育者的教育教学和受教育者的学习产生影响，从而促进教育者与受教育者发展的功效和能力。在实践中，地理教学评价的教育功能，主要表现为促进教师教学和学生学习及两者发展等方面。地理教学评价的教育功能可具体分为指导功能和学习功能两种。指导功能是地理教学评价对教育者的教育产生影响的功效和能力，无论是对学校领导来说，还是对教师来说都非常重要。学习功能则指地理教学评价对受教育者的学习产生影响的功效和能力。

二、初中地理教学评价的原则

教学评价原则是指在进行教学评价时，评价者必须遵循的基本要求。地理教学评价的原则是指在地理教学评价中，评价者的评价语言、评价活动和评价行为必须遵守的规则。

（一）目的性原则

任何教学评价活动都有目的性，即人们在开展教学评价之前设想或规定的教学评价活动达到的效果或结果。评价的目的决定着采用什么样的评价标准，也决定着评价的具体做法。地理教学是一种有目的的活动，地理教学评价决不能随心所欲，愿意评什么就评什么，也不能愿意怎么评就怎么评。地理教学评价指导和支配着整个地理教学过程，决定了地理教学的发展方向。课程标准指出，评价以考查学生核心素养的发展成就为目标，体现“教—学—评”一致性，综合运用过程性评价、终结性评价等。过程性评价注重发挥评价的诊断、引导、改进、激励功能，终结性评价注重发挥评价学生地理课程学业成就的作用。注重评价主体多元化，让学生在自评、互评的过程中学会反思和自我改进，使评价真正成为教育过程的组成部分。新课程理念下的地理教学评价要与地理教学有机地结合起来，服从于地理教育的总目标，服务于学生的成长与发展。

（二）全面性原则

地理教学评价必须具有可信度，必须建立在科学的基础上，有充分的科学依据和科学方法，采取实事求是的科学态度，从客观实际出发，全面考虑制约评价的各个要素，把定量测量与定性评价结合起来，进行科学分析，得到切合实际情况的评价结论。在这个原则上，地理教学评价要以课程标准为依据，严格按照已确定的地理教学评价目标进行客观评价。在教学评价过程中，不能随意改变或脱离评价标准，要全面考查每个学生，听取各方面的意见，防止仅从某一个方面（或要素）片面地进行评价。

对学生地理学习的评价，既要关注学生知识与技能的理解和掌握，又要关注他们情感与态度的形成和发展；既要关注学生地理学习的结果，又要关注他们在学习过程中的变化和发展。在地理教学过程中，有诸多因素直接或间接地影响着教学效果，比如，教学内容、教师、学生等，这些因素都是不断变化着的。在地理教学评价过程中，要将定量与定性、主观与客观、主要因素与次要因素有机地结合起来，根据学生的实际，分层次、分阶段确定客观的评价标准。这个标准要全面、具体，既有知识评价，又有能力、技能评价；既有情感评价，又有思想道德评价；既有学习结果评价，又有学习过程的评价。

（三）教育性原则

课程标准指出，应注重将评价渗透到地理教学过程各环节。建议对学生的答问、演讲、演示、绘图、读图与分析、观察与观测、调查、制作等各种活动进行评价，加强评价对教学过程中教与学的实时诊断作用，提高教学效率，增强教学效果。地理教学评价是地理教学的组成部分，在评价的全过程中，始终指向对学生（或被评价者）的教育价值。评价不是教育的目的，评价只是为了达到教学目标，寻求最优化的教学方式和手段，因此，评价本身也必须体现教育性。无论采用什么方式进行评价，都要有利于学生的全面发展。

（四）可行性原则

地理学科是一个生活性、实践性很强的学科。地理教学评价的可行性原则是指评价可实施、可操作，并能为广大地理教师、学生和教育工作者所接受。进行地理教学评价时，其内容和标准既要明确、具体，又要有一定的开放性；既要有统一的评价指标，保证被评价内容的可测性，又要简化评价程序，使广大教师都能使用。我国幅员辽阔，教育发展极不平衡，地理教学评价要从当地地理教学实际情况出发，评价的内容、方案、指标、方法等都要符合当地的具体条件，切实可行。

在编制评价指标体系时，要充分考虑当地地理教学实际水平。标准过低，起不到评价的激励作用；标准过高，绝大多数学生经过努力也达不到，会使学生失去学习地理的信心和兴趣。评价的方法要简便易行，要把地理教学评价与地理教学有机地结合起来，要善于对学生在地理学习中的进步做出鼓励性评价，用发展的眼光去评价学生。

（五）定性评价与定量评价相结合的原则

在新课程理念下，地理课程的功能、内容、结构、实施、管理都产生了前所未有的变化，评价的内容必然也会呈现出综合性的特点，不仅包括可以不同程度量化的地理基础目标包含的内容，而且涵盖了根本无法用量化手段评价的内容。如果继续以量化的方式进行描述和评定，必然表现出僵化、简单化和表面化，必将把学生的发展、学生的个性特点、学生的努力和进步泯灭在一组组抽象的数据中，把复杂的教育现象简单化为数学计算。因此，单纯地依靠定量的评价方法评价地理教学已经不能适应时代发展，而定性的评价以其全面、深入、真实再现评价对象的特点和发展趋势的优点成为当今教学评价中非常可取的方法。需要指出的是，定性评价从本质上并不排斥定量评价，两者有机地整合应用，将更有利于清晰、准确地描述学生、教师、地理教学的发展状况。

（六）反馈与调节原则

地理教学评价实际上是地理教学效果和地理教学目标相比较而得出的判断，但判断并不是目的，而是一种手段。在地理教学过程中，要不断地进行比较和判断，并把获得的结论不断地反馈于地理教学过程之中，以调节和改进地理教学。地理教学评价的反馈与调节可在“设定教学目标—设计教学计划—进行教学实践—教学评价—修正教学目标和教学方法”这样的系统中进行。

（七）自评和他评相结合的原则

地理教学评价的根本目的是提高学生的地理素养。应把地理教学评价的标准、原则、方法教给学生，让他们在学习过程中经常地进行自我评价，这样会不断地改进师生的教与学，有利于提高教与学的质量。在自评的同时要重视他评。可有针对性地对某一方面的教学问题进行专门评价，可请教师、学生、家长等评价主体进行评价。这样才能准确地发现教学过程中的优点和不足，有利于学生地理素养的提高。

第三节　核心素养视域下初中地理教学评价教育

核心素养回答了“培养什么样的人”的问题，如何将核心素养的理论框架落实到教育实践活动中，真正实现其育人功能，则是教育面临的重大问题。核心素养的提出意味着课程内容的调整、教学方式的转变、教学理念的改变以及教学评价的变革。当下的教学评价存在低效甚至无效现象，评价方式单一，呈现结果单调，教学评价的选拔和甄别功能日益凸显，促进学生全面发展的功能却被淡化。

教学评价的目的在于通过评价促进学生的成长。当前核心素养的提出无疑再次给教学评价带来了挑战，这就需要教学评价教育来完成相应的使命。所谓教学评价教育是指教育者基于教学评价可能给学生带来的影响，对学生进行关于教学评价的相应教育，从而达到增强教学评价的教育功能、促进学生健康发展的目的。通过教学评价教育可以提高核心素养下教学评价的有效性。教学评价有效性指标包含评价的教育功能和学生的发展功能。学生的发展功能指明了学生成长的规定性，这种规定性生动地体现为把学生培养成具有什么样的核心素养的人这一问题上。

一、核心素养对教学评价教育的呼唤

核心素养回答了“培养什么样的人”的问题，给出了与以往不同的教学内容，可能会给学生的发展带来许多影响，这就需要教学评价教育来完成相应的使命。教学评价教育旨在改善现有教学评价可能会出现的失范行为，这种失范的教学评价与评价内容、评价方式、评价理念等息息相关。

（一）围绕核心素养的教学内容的变动

教学内容是教学评价的重要指标，不同时期的教学内容随着教学改革而有所不同，从基本知识和基本技能到三维目标，再到学生发展的核心素养，这种变化有时代发展的必然，更有国际视野的影响。21 世纪初，欧盟为应对全球化浪潮和知识经济的挑战，在教育与培训领域大力推进终身学习战略，并提出以核心素养取代传统的以读、写、算为核心的基本能力，作为总体教育目标与教育政策的参照框架，引发各成员国的课程变革。

教育部基于我国的现实情况，经过深入研究，提出了中国学生发展核心素养的内涵并阐述了基本框架，指出核心素养是学生应具备的、能够适应终身发展和社会发展需要的必备品格和关键能力。以“全面发展的人”为核心，分为文化基础、自主发展、社会参与三个方面，综合表现为人文底蕴、科学精神、学会学习、健康生活、责任担当、实践创新六大素养。文化基础强调为学生发展所需的基础知识技能做铺垫；自主发展指出学生的未来发展是自由开放的，而非以学习成绩为衡量指标；社会参与则指学生与社会进行深度的交往，强调学生要有社会责任感。三者有一个内在的层级递进关系，环环相扣，给学生的发展指明了方向，让教师的教学有章可循。

文化基础影响学生的自主发展和社会参与意识，素养的形成需要学生在真实生活情境中学习并运用相关的知识和技能，而不仅仅是聚焦于单一的某个学科主题内容中，既要有某一学科的视角，又要积累跨学科的经验，即需要开展有效的跨学科内容主题的学习。显然，传统评价方式无法达到目的，如何进行评价是关键，这就需要教学评价教育的指导。由此可见，教学内容的改变必然引发教学评价的变革，加之核心素养视域中的教学评价处于探索阶段，尚未成熟，因此，需要教学评价教育的介入。

(二) 指向核心素养的教学方式的促动

教育的首要目标不是让学生在学校中表现出色，而是帮助他们在走出校园后可以生活得更好，即帮助学生形成伴随其一生的能力。如前所述，人文底蕴、科学精神通过传统的教学方法是无法教给学生的，需要潜移默化地养成；学会学习、健康生活也需要学生自己主动完成；责任担当、实践创新则是对学生能力方面的要求。学生发展所需的核心素养与传统的以知识传授为主的教学方式大相径庭。六大核心素养的落实，依靠死记硬背、题海战术是无法实现的，与之相适应的教学评价必将有所改变。如何做出调整，则无疑给教学评价教育带来前所未有的挑战。

具体地说，教学方式是指教师在帮助学生获取知识、提高能力的过程中所采用的方式，一般包括讲授法、练习法、归纳式、探究式、实践活动式等。不同的教学方式具有不同的特点。例如，讲授法以口头语言传授为主，那么相应的教学评价教育则主要针对口头评价实施；练习法则以纸笔测试为主，相应的教学评价教育则是基于形成性评价对学生的影响而进行相应指导，以增强教学评价的教育功能。可以说，不同的教学方式必然要有不同的教学评价与之匹配，相应的教学评价教育也须转型。

（三）依托核心素养的教学理念的推动

教学理念与教学内容、教学方式息息相关，是指基于宏观角度对教学秉持的观念，是教师从事教学活动的信念。信念是行动的指南，在这一意义上，教学理念影响教师对教学内容和教学方法的选择。与新的教学理念相匹配的教学评价该何去何从，这就需要教学评价教育来纠正其可能产生的偏颇。

中国学生发展核心素养的提出旨在使学生接受教育后获得某方面能力的提升和品格的升华。它的提出对教育理念产生了一种冲击，原有的教学评价必然会出现各种不适，而教学评价教育则成为解决这一问题的关键。

在理论层面，基于核心素养的教学理念注重开放、自由、包容，而非以提升学生的成绩为目的，重视学生的自主发展，尤其注重培养学生的学习能力，让学生乐于学习、善于学习，达到知识与文化兼备、能力与品格均强，这就需要教学评价教育提供指导。

在操作层面，中国学生发展核心素养的教育理念须打破常规班级授课制度，给学生以开放自由的空间，以社会为课堂，以生活为课堂，不再局限于以班级为单位、以教室为场所。同时，要拓宽视野，探索培养学生学习力的实践活动。

在学科层面，素养最初是指人恰当应对情境需要的综合能力，它本质上是人的存在状态或能力。一个有素养的人，就是当他置身于特定情境的时候，有满足情境需要的综合能力。中国学生发展核心素养内涵丰富，在教学实践中不是某门学科能胜任的，它考察的是综合能力，这就要求教育理念要打开学科界限，与此同时，需要教学评价教育来发挥教学评价促进学生发展的功能。中国学生发展核心素养的提出，必然需要相应的教学评价教育来辅助。

（四）立足核心素养的教学评价的联动

传统的教学评价以纸笔测试为主，以分数为目标，以考试内容为导向，考什么教什么，教什么学什么，评价的内容就是教与学的内容，具有强烈的指向性。高考这一指挥棒尽管存在种种弊端，但却是唯一具有相对公平性的评价方式，这也是该评价方式持续这么多年的主要原因。纸笔测试主要是检测学生掌握的知识技能等，旨在提高学生的知识储备。

由于教学评价本身的复杂性及多样性，如教学评价存在内容维度、时间维度、方法维度及目的维度，因而教学评价本身可能会给学生带来诸多影响，因此，教学评价教育的指导显得尤为必要，它不仅可以为核心素养视域下的教学评价提供评价方法、评价理念以及评价标准等理论方面的指导，而且可以提供教学评价前、教学评价中以及教学评价后的指导，还可以提供形成性教学评价、过程性教学评价以及终结性教学评价等指导。此外，教学评价教育还可以为满足不同教学评价的目的提供指导。例如，教学评价具有选择功能、甄别功能或选拔功能，不同的评价目的需要不同的评价方式与之对应，这就需要教学评价教育加以区分和进行有针对性的指导。教学评价需要教学评价教育的指导与帮助，方可达到教学评价的促进功能。

二、核心素养视域下教学评价教育的价值

教学评价教育的内容主要包括全面了解教学评价的知识教育、积极应对教学评价的态度教育和正确使用教学评价的方法教育等。良好的教学评价教育有助于发挥教学评价的正能量，消除教学评价的负效应，将不良影响控制在最低范围。在这一意义上，教学评价教育能为中国学生发展核心素养评价提供评价知识、评价方法、评价理念以及评价标准等方面的指导。教学评价

教育具有多方面的价值，具体表现为以下几方面：

（一）整合教学评价知识

核心素养提供了中国学生发展所要达到的目标。要将核心素养落到实处，需要分层详细划分评价指标，然后根据核心素养的分层指标为教学评价的实施提供理论指导。教学评价教育的重要作用是改善低效的教学评价对学生发展所产生的影响，即为了学生的健康发展而存在。

1. 学会情境学习

素养是一种高级、复杂、综合的能力，只能在智力、情感和道德上真实的情境之中形成与发展。离开真实情境，可能有知识技能的熟练，却没有素养的发展。知识不是抽象的、孤立于个体的，而是植根于情境，且分布于共同体之中。所谓情境学习，即基于真实的、现实世界的任务而学习。

事实上，核心素养规定了学生发展所必备的一些能力和素养，最根本的落脚点还是为了学生的全面发展。在当今信息时代，学生的全面发展需依赖于学生的学习力，而情境学习是提高学生学习力的有效路径，因此，学会情境学习是核心素养形成和发展的关键。

2. 适应虚拟的学习环境

现代学习环境不仅局限于课堂，互联网已成为人们学习和工作的必备工具。在信息时代，学生的学习可以借助信息技术打破时间、空间和身份等限制，与任何人交往。重要的是，学生要学会自律，处理好现实世界和虚拟环境的深度互动和交流融合。

通过核心素养框架可以看出，学生发展的核心素养有些是外显的，可以通过外部行为表现直接观察到；还有一些是内隐的，通过外部观察是看不到的。教学评价如果只是对表面的行为表现进行评价，显然有悖教学评价的初衷。由此可见，将核心素养落实到具体的教学实践活动中，需要对核心素养分层划分指标。评价指标的划分以教学目标为依据。根据评价指标制定科学的评价标准，运用一系列有效的方法技术对结果进行价值判断。教学评价教育可为教学评价提供知识上的指导和方法上的指引，规范评价过程。

（二）改进教学评价方法

核心素养的基本内涵和框架虽阐述得简洁明了，基本框架只有六个方面，但是却囊括了学生全面发展所必备的基本品格和能力。这些能力和品质的评价，仅靠传统的纸笔测试无法展现出真实的水平，无疑给教学评价方法带来一定的挑战。1997 年底，经济合作与发展组织和瑞士联邦统计署赞助了一个国际性的跨界合作项目，即“素养的界定与遴选”，DeSeCo 项目团队经过深入的研究与持续的对话，明确提出素养不只是知识与技能，它是在特定情境中，通过使用和调动心理社会资源（包括技能和态度），以满足复杂需求的能力。将这种能力的实现转换为外显行为，通过评价测试核心素养的实施，对评价方法的要求也就特别高，这就需要教学评价教育予以支持。

经济合作与发展组织的教育贡献不在课程而在评价，它在评价领域的突出贡献是运用核心素养框架发展出核心素养的国际调查与评价，最著名的就是国际学生评估项目（PISA）。欧盟国家将核心素养转化为可观察的外显表现，以此为基准开发设计出相应的测试工具，通过调查问卷和表现性评价等形式评价学生的核心素养。这种核心素养的评价方式与传统的考试有一定的差异，核心素养评价的完成需要教学评价教育的合力参与。教学评价教育可以在方法维度上为教学评价提供指导，在这一意义上，欧盟国家对核心素养的评价为我们的评价方法提供了借鉴，从而使教学评价在具体的实践过程中有法可依。

（三）调整教学评价理念

教学评价理念是对教学实践活动进行价值判断的信念，它影响教学评价的信度和效度，对于教学评价的实施具有重要的作用。传统的教学评价以提高学生的技能、增加学生的知识储备为评价理念，学校的教学活动均是为了学生的考试成绩而设置，这一评价理念多年来一直饱受社会的批评。这样的教学评价失去了其原有的作用，评价就是为了提高学生的分数，于是，学生们渴望教师传授的仅是与考试有关的知识，期望教师能提高他们的考试能力而非综合素质，但凡教师讲授与考试无关的内容，均被视为浪费时间，学校、家长和社会对学生的期望就是高分。

这样的教学评价已失去其评价育人的功能，其根本的原因是缺乏教学评价教育。教学评价理念应契合核心素养，旨在提升综合素质和能力。

（四）优化教学评价标准

评价标准影响评价的信度和效度，是决定评价有效与否的关键因素，因此，制定科学合理的评价标准对教学评价具有重要作用。对核心素养的评价，难以找到一套行之有效的评价标准，这就使得核心素养视域下的教学评价无所适从。

《教育部关于全面深化课程改革落实立德树人根本任务的意见》明确提出，要研究制订学生发展核心素养体系和学业质量标准。要根据学生的成长规律和社会对人才的需求，把对学生德智体美全面发展总体要求和社会主义核心价值观的有关内容具体化、细化，深入回答“培养什么人、怎样培养人”的问题。要研究制订中小学各学科学业质量标准和高等学校相关学科专业类教学质量国家标准，根据核心素养体系，明确学生完成不同学段、不同年级、不同学科学习内容后应该达到的程度要求，指导教师准确把握教学的深度和广度，使考试评价更加准确反映人才培养要求。依据这一思路来优化教学评价，围绕核心素养制定科学合理的评价标准，将为核心素养的评价提供源源不断的前进动力。

三、核心素养视域下实施教学评价教育的可能路径

核心素养以学生全面发展为核心，是学生在接受相应学段的教育过程中，逐步形成的适应个人终身发展和社会发展需要的知识、技能、情感态度与价值观等方面的综合素质。它整合多种能力和素养，涵盖多门学科，尤其是包含大量隐性知识和态度层面的要素。核心素养的多种能力、素养及其多元学科可以互相迁移，给评价带来极大挑战，因而，需要对教学评价进行相应的教育，深入探究核心素养视域下的教学评价教育显得尤为重要。

（一）顶层设计：核心素养视域下教学评价教育的设计

教学评价本质是一种认识活动，旨在认识对象的本质、中心、内部、深层，透过现象看本质，通过表面探测到实在的东西。后现代主义学者杰姆逊曾经说过："人们一个坚定的信念就是在表面的现象之下必有某种意义，正如苏格拉底，虽然是又矮又丑，但却是个聪明绝顶的人。在古希腊有一种盒子，外面有些绝丑的画，但里面却是价值连城的宝石。"这种思维方式也称为"核桃模式"，有学者将其作为当前教学评价的理论基础。通过表面的现象是观察不到本质的，在评价时就要透过现象看本质，对表面现象的评价属于低效的。核心素养所规定的学生发展所需的思考力、判断力与表达力及其人格品性可以归纳为能力和素质等方面的要求，不可能通过纸笔测试之后单纯统计分数就得到结果，其属于内隐的行为，需要在具体的实践活动中凸显。

教育部公布的六大核心素养是学生发展的核心要素。核心素养的核心既不是单纯的知识技能，亦非学生的兴趣、动机、态度，而在于重视运用知识技能、解决现实课题所必需的思考力、判断力与表达力及其人格品性。这意味着，要求学生能够运用各门学科的内容进行思考、判断，并且需要通过记录、概括、说明、论述、讨论之类的语言性活动来进行评价。鉴于此，核心素养视域下的教学评价教育要以核心素养为轴心和主线，从知识、态度和方式三个方面进行设计。

具体而言，知识层面主要是指教学评价教育应该提供什么类型的知识指导教学评价，这种知识要以核心素养为评价目标。要帮助学生认识到教学评价只是手段，促进学生进步和发展才是目的，让学生懂得教学评价的规则、标准等是教学评价教育的基础。态度层面主要体现在学生要理性、辩证地看待自己的成绩，正确地归因，将自己的成绩看作前进的动力。只有形成积极对待评价的态度，才能取得更大的进步。方式层面主要表现为多元化评价方式，改变单一的分数评价法。

以核心素养为主线的教学评价需秉承开放、自由的评价理念，着力探索有益于学生发展核心素养的评价新方式、新途径，这是教学评价教育的关键。

实施教学评价教育不是对教学评价内容的小修小补，而是要在整体上设计。

（二）实践跟进：核心素养视域下教学评价教育的行动

教学评价实施过程的教育即为教学评价教育的行动，这一行动需要以实实在在的问题为依托，针对教学评价过程中可能给学生带来的影响进行教育。有效的教学评价教育对核心素养的落实具有举足轻重的作用。围绕核心素养的教学评价教育要想真正彰显魅力，体现活力，就要在教学评价教育的实践中紧紧围绕核心素养这一中心。然而，由于教学评价是一项复杂的工作，涉及学校、家庭、班级、教师、学生等的利益，为了让教学评价教育有效推进，要重点注意以下几点：

第一，要了解核心素养的背景，把握其内涵与基本框架，准确理解提出核心素养的目的所在，以确保教学评价教育针对核心素养的框架展开，有效落实核心素养的形成和发展，确保改变以分数为导向的课堂，提供开放、自由的课堂，着力培育学生的能力和素养。围绕核心素养的教学评价还处在摸索阶段，需要发挥学校、社会、家庭的支持作用。

第二，要不断改善教师的教育理念，使核心素养的形成和发展真正落地，继而才能摸索教学评价的过程。若核心素养成了教学的摆设，那么教学评价便是无效的、低效的。

首先，教学评价教育要在学校、教师的教育理念上着紧用力，让教师认可核心素养的科学性、时代性以及实施核心素养的必要性。其次，要提供教学评价所需的知识，在教学评价的原理、规则上积极跟进，让教师在实施教学评价时有法可依，让学生在被评价的过程中有章可循。最后，要在教学评价方式方法上进行创新，确保围绕核心素养进行教学评价。

（三）未来导向：核心素养视域下教学评价教育的发展

教学评价的基本要义在于通过评价诊断现状并促成改进，使学生获得发展。核心素养视域下的教学评价，旨在通过评价测试学生核心素养落实的现状。评价对核心素养的落实起着重要作用，贯穿核心素养形成和发展的始终。

教学评价教育是教学评价的导航。可以说，教学改革一直在前进的路上，教学评价紧紧围绕着教学改革进行，教学评价的问题层出不穷，教学评价教育的作用随之凸显。

要围绕教学评价教育深入研究，形成关于教学评价教育的理论。理论指导实践且能推动实践的不断发展，教学评价教育如果仅仅停留在实践层面的话，难以达到高效优化评价的目的。教学评价教育要想走得更远，需升华理论，用于指导实践，推动实践发展。

教学评价教育旨在提供关于评价的知识教育、积极应对教学评价的态度教育和正确使用教学评价的方法教育，这是规范教学评价的逻辑思路，但是尚未形成一定的体系。体系侧重整体作用，知识教育、态度教育以及方法教育要发挥其整体作用。在这一层面上，教学评价教育要形成关于指导评价的体系，以达到有效优化教学评价的作用。

第四节　初中地理教学评价的内容、策略与方法

一、初中地理教学评价的内容

初中地理教学评价就是对初中地理教学活动的价值进行评判。在这里，我们主要对学生评价、课堂教学评价作简单介绍。

（一）学生评价

学生评价是地理教学评价中的重要内容。所谓学生评价，是指在新课程理念指导下，根据课程标准，运用现代教学评价的技术和方法，对学生的学习过程、思维情况、情感态度等进行评价判断的活动。

1. 学生评价的基本内容

（1）评价学生解决地理问题的能力和过程

地理新课程将发现问题和解决问题列为地理教学的重要目标，因此，评

价学生解决地理问题的能力和过程也成为地理教学评价中的一个重要内容。在评价学生解决地理问题的能力和过程时，要注意评价学生的问题意识、对信息的利用能力等。评价可以采用观察法、作业法、作品展示法等。

(2) 评价学生参与地理探究性活动的水平

评价学生参与地理探究性活动的水平，重点不在于学生知识记忆的准确性和使用技能的熟练程度，而在于学生对分析与综合、地理比较、地理实验等常用地理方法的领悟、掌握状况和运用水平，以及学生参与实地观察、观测、调查、实验、讨论、解决问题等活动的质量。另外，还应着重评价学生在活动中表现出来的兴趣、投入程度、合作态度、毅力和探索精神等。主要有观察法和评定量表法。

(3) 评价学生对地理概念以及区域自然和人文特征的理解水平

评价学生对地理概念以及区域自然和人文特征的理解水平，不能局限于评价学生具备了多少地理知识，而应把重点放在学生的理解水平上。评价学生对地理概念的理解水平常用的方式有：让学生用自己的语言表达和解释概念；给出概念的肯定例证和否定例证，让学生验证。在评价学生对区域自然和人文特征的理解水平时，可着重评价学生是否能把一种表达方法变成另一种表达方法，是否会进行区域自然和人文特征的分析与综合，是否会运用地图、图表和简单模型表达区域自然和人文特征。

(4) 评价学生在地理学习中所形成的情感态度和价值观

促进学生的心理发展是地理教学的基本目的，学生的情感态度和价值观是学生心理发展的基本内容。评价学生在地理学习中所形成的情感态度和价值观时，应关注学生以下方面的变化和发展：①对地理学科的认识。评价学生是否具有地理学习动机与学习兴趣，能否体会地理学与现实生活的密切联系和地理学的应用价值，是否具有地理审美情趣和鉴赏力。②科学精神与态度。评价学生在观察、调查、实验和报告撰写中是否精确、严谨，是否具有实事求是、坚持真理、勇于创新的科学精神。③对自然地理环境与社会的态度和责任感。评价学生是否养成了关心和爱护人类环境的行为规范。

2. 学生评价的基本原则

地理教学中学生评价原则是对学生评价工作的概括和总结，是学生评价中应当遵循的基本要求与准则。从当前评价改革的趋势上看，学生评价除了应遵循方向性、客观性、可行性、过程性的基本原则外，更应以促进学生发展作为基本指向，遵循发展性、多元化、全息性、差异性等原则。

（1）发展性原则

学生评价以促进学生发展为目的，为学生发展服务，不仅要关注学生的现实表现，还应重视学生的未来发展，重视每个学生在已有水平上的发展与提高。

（2）多元化原则

学生评价要从学生发展的多样性、动态性出发，多层面、多视角、多维度地认识问题。多元化原则是指评价内容、评价标准、评价方法、评价主体等的多元化。评价既要体现共性，又要关心学生的个性；既要关心结果，又要关心过程。

（3）全息性原则

学生评价必须反映学生学习和发展的全部信息。全息性原则强调评价的整体性，旨在把诊断性评价、形成性评价和终结性评价有机结合为一个整体，全程促进学生的发展和提高。

（4）差异性原则

学生评价要做到客观、公正，要尊重学生差异。不同的学生在知识结构、身心特点、技能掌握、认知与理解能力等方面存在很大的差异。因此，评价目标设置应多层次，考虑学生的感受与体验。评价时，要善于发现学生的闪光点，辩证地看待学生的优点和不足。

3. 学生评价的意义

学生评价对促进学生的成长与发展，促进教师改进教学和提高教学质量具有重要意义。

第一，有助于了解学生的学习起点和发展状况，为确定以后的教育教学目标和选择合适的教学方法提供依据。

第二，有助于评定学生的学业成绩。学生评价作为一种判断活动，能够客观地对学生知识掌握的情况和发展水平给予鉴定，并做出一定的区分。

第三，为学生指明了努力的方向，使学生不断改进和完善自己的学习行为。学生评价有助于学生对自己的学习进行反思，使学生正确地认知自我，不断地完善自我。

第四，能够促进教师与学生之间的交流与沟通，有助于了解教师的教学质量和水平。学生评价是师生之间、生生之间、师师之间沟通、交流、对话的过程。通过评价，双方共同建构评价桥梁，使学生评价的内容和指标体系为教师的教与学生的学指明方向。

（二）课堂教学评价

课堂教学是将文本课程转化为实践、转化为学生发展的现实渠道。课堂教学的质量和效果是决定学生学习效果的重要因素。地理课堂教学评价要立足于促进教师发展和学生发展。课堂教学评价的内容主要包括课堂教学目标、教学方法、学生参与度等方面。

评价地理课堂教学质量，要评价学生对地理知识的掌握程度、学习态度和方法，还要评价学生以综合能力为主的跨学科能力和以可持续发展观念为核心的科学的人地观和价值观。创新精神和实践能力应作为地理课堂教学评价的重要内容。因此，地理课堂教学评价既要重视评价学生学习与实践的结果和收获，也要重视评价学生在学习与实践中的参与过程和质量。

评价学生的地理知识、方法和认知能力，要尽量避免将那些记忆负担重、数量多的地理陈述性知识作为重点内容，而应以综合性强、贴近现实的问题作为素材，重点评价学生对地理程序性知识掌握的情况。评价问题不能仅涉及“是什么”“为什么”，还要多问“怎么办”，以便评价学生运用知识的能力、分析问题和解决问题的能力。

评价学生的思想道德素质、地理科学精神和行为发展方面情况，不能一次评价就得出定论，要着重考虑学生平时的经常性的态度、行为和理论结合实际方面的实际表现。要采取不同的活动方式、反复多次进行评价，使教学评价能较为客观地反映学生发展的真实情况和教学的实际效果。

二、初中地理教学评价的策略

（一）核心素养视域下的学习评价特点

核心素养的培养过程，侧重的是学生的自主探究和自我体验，是个体认知与元认知建构的过程，是在外界引导下，自我发展、自我超越、自我升华的过程。课堂的动态性和不可预见性，要求核心素养视域下的学习评价要具有生长的力量，不能一成不变，要多样化。

在具体实施中，教师要树立指引性、发展性和差异性思维。

1. 指引性思维

评价指向生长，其根本目的在于促进学生自我生长。核心素养视域下基于生长理念的学习评价就是在教师的指引下，学生进行主动建构。指引性思维是指从学生的认知基础和发展需要出发，对于学生的优势给予激励；当学生理解错误时，教师要在指出其症结所在的同时，因势利导，及时指引。比如，课堂上，教师如果能及时捕捉到学生发言中的亮点，通过学习评价放大亮点，其他学生就会从中受到启发，自我发展就有了方向。又如，当学生体会不够深入，教师评价“你的体会还是浅层次的，是表面上的”，同时可以指引学生“联系文字背后的意思想一想”；当学生思维产生定式时，教师通过指引学生多角度思考，从而改变思维的定式。教师的指引要做到深入浅出，从单一到多向，从简单到复杂，使学生在原有基础上向纵深处思考，实现成长。

2. 发展性思维

核心素养理论告诉我们，学生最大的特点是在发展中，学习评价应该在促进学生的发展上有所担当。发展性思维，就是对学生进行评价时，不能只注重最终的结果，而要用发展的眼光去观察和发现学生在学习过程中的每一点进步，注重学生所反映的问题、所取得的进步、学到的知识会不会学以致用、学习地理的兴趣有没有提高等过程性的表现。这是一种以促进学生发展为目的、以学生为主体、以发挥学生积极性为理念的评价。

3. 差异性思维

核心素养视域下的课堂教学，十分强调学生的个性发展。每个学生都具有不同于他人的素质和生活环境，他们的身体素质、心理状态、智力因素、责任意识、求知欲望、兴趣爱好、努力程度和家庭境况等各不相同，这些不同点综合交融，便使学生的生长和发展呈现出独特性和不可复制性。因此，核心素养视域下的课堂教学，必须实行有差异的学习评价，因材施评。评价要依据学生的不同背景，正确地判断每个学生的特点及其发展潜力，为每个学生提出适合其发展的具体的有针对性的建议，从而让学习评价能够真正激励学生，促进学生自由、充分、个性化地生长，使每个学生都能够成为全面发展的人。核心素养具有指向未来、不断优化发展的动态性。因此，评价过程应该是积极的、有助于学生发展的、能够发展学生个性的，而不应该抑制学生的创造性和积极性。评价要促进学生的学习过程，提高学生的学习动机，支持学生的创新，促进学生的发展。对学习困难的学生而言，评价要使学生能够得到帮助，提高学生的自信心，要让学生感受到自己所取得的进步。

（二）核心素养视域下的学习评价策略

核心素养视域下的学习评价策略应该多样化。下面介绍几种常见的学习评价策略。

1. 赞领式学习评价

明代文学家冯梦龙说："水不激不跃，人不激不奋。"课堂教学中，赞赏是最常见且很有效的学习评价策略。"赞领"就是当教师敏锐捕捉到学生发言中的"生成点"时，在赞赏中巧妙地进行思维引领。其他学生在教师赞赏的评价中得到暗示，从而使学生具有思维的方向，实现积极生长。

美国心理学家威廉·詹姆士精辟地指出："人性中最根深蒂固的本性就是渴望受到赞赏。"教师的学习评价是更具体的赞赏，能够发现学生的闪光点，激发其他学生的思维活力。教师应智慧而巧妙地运用赞领式学习评价，鼓励学生展示自己的努力和成绩，培养学生的自信心，肯定学生积极的学习行为，引发学生向着更好的方向积极成长。

课堂教学过程中，对于学生回答问题或展示交流，要及时给予恰如其分的评价。评价既要肯定学生的思维优势与进步，又要智慧地指出学生学习过程中表现出来的不足与问题，并提出改进建议。让回答正确的学生更愿意说，让回答不出问题或回答错误的学生不受伤害，这样就能让学生敢于表达自己独到的见解和感悟，从而促进学生核心素养的发展。

2. 跟进式学习评价

教师就某一内容或某一问题，基于学生理解的实际，运用跟进式学习评价，把学生思维一步步往前推，使其能向更深更广处探寻，获得发展。教师依据学生的回答做出评价并及时跟进，由表及里，逐层深入。教师依据教学内容，凭借对文本的深度解读，在教学的关键处、疑难处、深奥处做出学习评价与跟进，学生的理解就会由表层走向深入，由肤浅走向深刻，进而对学生核心素养的发展起到积极的作用。

3. 延伸式学习评价

延伸式学习评价，是指在某一个教学环节结束后，教师对学生的课堂表现小结时，进行恰到好处的延长、伸展。延伸式学习评价的目的在于把问题引向深入，使学生无意识的或模糊的认识清晰化，提升对知识的理解。延伸式学习评价能够促使学生及时自省自悟，引发学生进一步思考，还能够指引学生自我发展的方向。

4. 交互式学习评价

师生互动不仅仅是课本上知识的简单传递和接受，还是教材中的知识、学生原有的知识、教师的知识三者之间的相互碰撞和交融，进而促成这些知识间的融合、修正、生长和发展。核心素养的基本理论倡导在课堂教学中，要让师生的个人知识与学科知识的对话，成为学生核心素养生成的过程。交互式学习评价，有效地实践了这一主张。交互式学习评价克服了终结性评价的弊端，使评价成为学生学有所成的基石。交互式学习评价可以调动学生的学习激情，提升学生思维的敏捷性、批判性和创新性，培养学生自主学习、批判质疑、语言表达等多种素养，进而张扬学生的个性，使课堂因学生而无限精彩。

5. 表现式学习评价

表现式学习评价就是让学生参与一些活动，要求他们表现出某种特定的技能或者创造出符合某种特定标准的成果或作品。简言之，就是教师通过观察学生的行为和展示的作品来评价学生的表现。显然，表现式学习评价是一种主观的评价策略，要尽量使主观评价趋于客观和公正。表现式学习评价要注意以下几点：①要明确评价的学业目标——将活动和评分标准很好地对应起来。②要有明确的评分规则——使用清晰的表现性准则来阐明良好表现的标准。③评价者要保持评分规则应用的一致性——教师要让学生在自评和他评前了解评价准则。

在整个活动中，教师要把思考的主动权交给学生，引导学生主动探索，促进学生学会学习、实践创新等核心素养的发展。

6. 多元主体式学习评价

多元主体式学习评价主要体现在实践活动中，包括科学探究、实验、调查、科技制作、演讲表演、角色扮演、社会活动等，对于学生在实践活动过程中的表现和成果，可以通过多种途径做出评价。例如，观察、记录和分析学生在活动过程中的参与意识、合作精神、表达交流、实验操作等；分析学生的实践活动成果，如作品、调查报告、观察日记、实验报告等。实践活动评价主体要体现多元化，提倡采用个人、小组和班级相结合的组织形式，还可以联系社区、家长、专家等，对学生的活动过程及实施情况予以相应的学习评价。多元主体式学习评价既可以在教学过程中进行，也可以在教学结束后进行。

以上粗略地介绍了几种常见而有效的学习评价策略。除此以外，学习评价策略还有干预式学习评价、故疑式学习评价、帮扶式学习评价、选择式学习评价、论述式学习评价、网络互动式学习评价……总之，要使核心素养视域下的学习评价策略切实具有生长的力量，需要教师树立课堂生长的意识，不仅要关注学生的学业成绩，而且要发现和发展学生多方面的潜能，了解学生发展中的要求，帮助学生认识自我，建立自信，发挥评价的教育功能，促进学生在原有水平上的发展。

（三）核心素养视域下的形成性评价

苏霍姆林斯基说过，教育的技巧并不在于能预见到课的所有细节，而在于能根据当时的具体情况，巧妙地作出相应的调整和变动。教学是教师和学生互动的学习过程，也就是说，课堂中的变化是教师与学生、学生与学生、师生与学习内容等因素的相互作用构成的。因此，核心素养视域下的形成性评价需要以动态的、生成的眼光来看待。评价的主体是教师和学生，评价的目的在于引发学生合理的变化，使学生获得成长、发展。在这个过程中，教师要有促进不同层次学生得到不同程度发展的评价，这样的评价应该是在动态课堂上的“以学定教，顺学而导”。

形成性评价是教师依据实际课堂学业目标，有计划地运用多种策略或工具，收集并运用学生学习进展的证据，反馈并调整教与学，以满足学生学习需求并促进其学习、生长。形成性评价不是一种评价标准，也不是单一的评价手段，而是一种在课堂实施过程中对学生学习进行评价的方式。它注重评价结果对教学的反馈作用，使学生了解自己的学习状况，反映学生学习的成就和潜能，有助于学生开展自主学习。评价又可以正确反映教师的教学质量，以利于教师根据反馈信息及时调整教学策略。

核心素养视域下的形成性评价具有以下重要特征：“教—学—评”一致，多种评价策略贯穿始终。教学、学习、评价应是三位一体的关系。评价与教学、学习紧密地联系在一起，相互制约，相互影响。评价持续地贯穿于教学（包括备课、上课、课后作业批改和课外辅导等）、学习的过程之中，而不只在教学、学习终结之后实施。形成性评价的方法绝不是单一的，而是多样的，如测试与非测试、教师评价、个人自评与学生互评等，评价需要渗透融合到学生学习过程的始终。评价有助于激励学生学习，帮助学生有效地调控自己的学习过程，使学生能够获得成就感，增强自信心，培养合作精神。

形成性评价的目的是促进学生学习，而非评判学生的学习结果。它关注的不是教师如何传授信息，而是学生接收、理解并应用所学知识的发展过程。学生发展不仅指学生的学习成绩（知识与技能）的提升，还包括学习态度（兴趣、自信心、动机等）、学习方法（认知、合作、自我调控等）及文化意识的提升和发展。学习进展证据包括学前调查结果、课后访谈结果、学生课堂行为表现、学生口头和书面输出等。评价是一种手段，而不是目的，既要对学生的参与进行评价，又要对学生的发展进行评价，强调由单一智能到多元智能，由结论到过程，由动态到静态，由观察到预测，促进学生多维发展。

美国评价学专家斯克里文指出，形成性评价的主要目的是明确活动运行中存在的问题和改进的方向，及时修改或调整活动计划，以获得更加理想的效果。可以这样理解：形成性评价更加关注如何实现学习目标，而非是否实现学习目标。在教学实施之前，教师与学生都应明确教与学的目标，特别是判断某一具体目标是否符合标准。在教学过程中，教师需要根据学生的即时表现，不断给学生提供反馈，既要肯定成绩，也要指出不足。

严格来讲，形成性评价不是新生事物，是否能够有效开展形成性评价是区分优秀教师与普通教师的标志之一。在教学设计与实施过程中，教师需要深刻理解学科性质、教育价值和学生学习规律；需要设计与学生生活经验相关，并能激活学生思维的教学活动；需要静心观察、聆听并当场记录学生的典型表现，并能根据所收集的学生学习证据，分析和解释学生学习的效度；需要及时调整教学，提供能支持学生进步的方法，满足学生的需求。整个实施过程实际上是“发现问题—分析问题—制定方案—解决问题”的螺旋式行动研究过程。从这个意义上说，形成性评价的过程既是促进学生发展的过程，也是促进教师专业发展的过程。

核心素养视域下的学习评价，不仅要关注学生学习知识的结果，还应关注学生的学习过程和学习体验与感悟。初中地理课程标准中也指出，实现评价目标多元化、评价手段多样化、过程与结果并举、定性评价与定量评价相结合，这就将形成性评价推到了更高的位置。

核心素养视域下的形成性评价并不是独立于课堂教学之外的活动，而是有机地融合于整体的课堂教学活动之中。贯穿于课堂教学过程中的形成性评价具有互动性、直接性、发展性、创生性和差异性等特征。形成性评价可以使学生在学习过程中不断体验进步与成功，认识自我，促进自身的全面发展，提高自主学习的能力；也能为教师提供教学的反馈信息，对教学行为进行反思和调整，不断提高教学水平。

实施形成性评价时应该注意以下问题：

1. 正确认识和处理好形成性评价与终结性评价的关系

美国教育学家布卢姆指出，终结性评价是在一个学期、一个教程或者一个学程结束的时候，为了“分等、鉴定、进步评价，或者对课程、学程及教育计划的效力（有效性）的研究”而进行的评价。形成性评价就是在课程编制、教学和学习的过程中使用系统性评价，以便对这三个过程中的任何一个过程加以改进。也就是说，形成性评价关注的是学习的过程，而终结性评价关注的是学习的结果。一般来说，形成性评价不以区分评价对象的优良程度为目的，不重视对被评对象进行分等鉴定，而是帮助学生和教师把注意力集中在为进一步提高所必需的学习上。相对于终结性评价，形成性评价会在学生的学习过程中收集、获取学生的即时信息，并对这些信息进行描述，从而提出具体的有针对性的改进建议，在学习结束时，对学生学习的方向进行修正。

2. 充分发挥学生在形成性评价中的主体作用

苏霍姆林斯基说过，在人的心灵深处有一种根深蒂固的需求，那就是希望自己是一个研究者、探索者、发现者，这种需要在儿童的精神世界中特别强烈。发挥学生在评价中的主体作用，能够使学生由传统的被评价者变成评价主体的一员。核心素养视域下的课堂教学革新更加强调学生的自主学习，在学习评价方面，更加强调评价主体的多元化，评价主体可以是教师、学生、家长以及其他相关人员。也就是说，学生需要进行自我评价和合作评价，通过学生主动参与、自我反思、自我教育、自我发展，使学生真正地成为研究者、探究者、发现者和课堂的主人。

三、初中地理教学评价的方法

评价方法是解决如何评价的问题。初中地理教学评价遵循教育评价的一般规律和方法。比如，要评价学生的地理基础知识与基本技能的掌握情况，测验与考试是最高效、快捷的方式；而要评价学生地理学习的态度与情感，则需要应用观察、谈话等描述性方法。由此可见，选择适当的方式方法来进行评价，对全面了解学生在地理学习过程中各方面的发展与存在的问题、改进教学策略、促进学生发展起到了重要作用。

（一）量化评价的方法

测验法是地理教学中应用比较广泛的评价方法。例如，期末笔试评价，是根据地理教学目标，通过编制试题、组成试卷，对学生进行测试，然后按照一定标准对测试结果加以衡量的评价方法。测验法是一种量化取向的评价方法，在发展中不断追求客观性、公正性，并逐渐走向标准化。由于任何测验都不可能涵盖所有的测量项目，它所包含的只是全部项目的一个样本。因此，测试题目取样必须具有代表性，才能全面反映学习目标的完成情况。测验法是根据评价内容，用一组测试题收集评价资料，是有目的、有计划、针对性较强、获取定量化地理信息的方法。它适用于收集教师的教学效果、学生掌握地理知识与技能的状况以及其他各方面发展的信息。通常，测验包括形成性评价（如课堂教学评价）、阶段性评价（如期中测验）和总结性评价（如期末测验），有口头和书面两种形式。

1. 测验法的步骤

（1）明确测验目的

测验目的是指通过测验能够达到怎样的预期效果。例如，诊断学习问题，为教和学反馈信息；评价教学效果，提高教学水平；激发学生的学习兴趣，提高学生的学习成绩；对学生进行鉴定、选拔，为上级学校输送新生等。

（2）确定测验内容以及评价标准

从内容和目标两个方面考虑，先列出教学目标和教学内容中的知识要点，按照重要程度确定各单元占总测试的比例，形成双向细目表，也就是编制测试蓝图。若考查范围很小（如当堂测试或随机测试），只列出具体任务就可以了。

（3）编制试题

试题可以分为客观性试题和主观性试题两大类，各自有其不同特点，其优点与不足有很强的互补性。试题的编制要遵循这样几个原则：①抽样原则——抽出的题目样本具有代表性。②全面原则——试题必须兼顾学生的知识、技能、思维等不同方面。③难度原则——试题的难度要适中。④时间原则——根据测试时间，合理考虑题量。试卷形成后，还应当编制标准答案，规定评分标准。

（4）测验的质量分析

测验结束后，应对测验结果进行质量分析。通常，计算和考虑的是平均分、及格率、优秀率等。测验的统计指标指的是难度、区分度、信度和效度。难度用 $P=R/N$ 表示，其中，P 为项目难度，R 为答对该项目的人数，N 为全体被试人数。区分度也叫鉴别力，如一个题目，测验中水平较高的顺利通过，而水平低的没有通过，则该题目就有较高的区分度。信度指可靠性或一致性程度。一个好的测验，对水平相当的学生，结果应保持一致。效度指有效程度，指实际测量出其所要测量的特质的程度。通过对上述量的分析，来进一步对测验结果的可靠性、有效性及测验目的达到的程度做出科学的分析。

2. 运用测验法应注意的问题

（1）明确评价目的

通过测验要达到一个什么样的目的，它直接影响着测验内容的广度、深度，也影响测验的方法、形式。

（2）确定评价形式

测验分为闭卷和开卷两种（包括口试和笔试）。闭卷要求学生在规定时间内独立完成。开卷分为两种：一种是学生独立完成，可以查阅资料；另一种是合作考试，以小组为单位合作完成，或小组讨论后再独立完成。

（3）合理使用二次评价

测验时，应针对个别有特殊情况的学生给予二次评价的机会。

（二）质性评价的方法

质性评价方法对评价信息的收集整理与评价结果都是以非数字形式来呈现的。这种评价方法促使评价由外部转向内部，由被动转向主动，充分调动和发挥教师与学生的主动性，并使评价过程成为促进学生发展的过程。质性评价常用观察法和调查法来实施。

1. 观察法

观察法是一种描述性的搜集资料的方法，也是教育评价获取信息的重要方法。它是指评价者通过自身的感官或借助一定的科学仪器，有目的、有计划地对教育评价对象准确客观地收集资料的方法。例如，教师在课堂教学过程中，通过观察来了解学生，获取学生的学习兴趣、学习态度、学习信心及发现问题和解决问题的能力等方面的评价信息，从而更有针对性地为学生提供帮助和指导。

（1）观察法的类型

观察法有以下几种分类方法：①根据是否利用仪器，可分为直接观察和间接观察。②根据观察者是否直接参与到被评价者所从事的活动之中，可分为参与性观察和非参与性观察。③按照观察的范围，可分为全面观察与抽样观察。④根据观察实施的方式，可分为有结构观察和无结构观察。观察法根据不同的角度可以分为不同种类，然而这种分类是相对的，在实际工作中，应当根据评价的目的和内容综合运用各种方法，这样才能收到预期的效果。

（2）观察法的设计与实施

在设计和实施观察法时，有以下几个方面需要注意：①明确观察目的和任务。作为一种评价方法，它有着一定的目的和任务，或是了解教师的教学情况，或是考查学生情感态度与价值观的发展，从而改进教学，提高教学质量。评价者所关注、考察的师生活动应紧紧围绕观察的目的来进行。②选择适当的观察方法。选择什么样的观察方法主要是由观察目的和内容决定的。作为评价人员，应充分了解各种观察法在应用过程中的特点及适用范围。如果是学生分组讨论、组内交流，可采用参与性观察；如果是针对某个教学环节或学生某种行为进行观察，可采用有结构观察。③准备观察工具。如果评价人员选择了特定的观察方法，如间接观察法，则需事前准备好必备的用具，如表格、记录本、录音机、录像机等。

（3）注意事项

使用观察法时应注意的事项：①认真做好观察记录。一份客观、完整、翔实的观察记录，无论对于评价人员还是整理工作人员，都将是第一手的重要材料。②观察中保持细致性和敏锐性。很多观察法是直接的，而且很多场景具有不可重复性，因此观察者应在观察过程中保持细致性和敏锐性，注意发现细节问题和特殊现象，从而对评价对象做出准确判断。

（4）观察法在教学评价中的作用

运用观察法能够获得评价对象比较充实、客观的原始材料，为地理评价提供重要依据。观察法是检验教育评价思想和理论是否科学的重要途径。任何一个理论或思想在未被证实前都只能是假说，只有对观察到的事实加以检验才能被称为科学的、有价值的理论。如发展性教师评价、表现性学生评价、成长记录袋等新理论和思想，都必须通过观察其实施过程中出现的事实与结果，才能证明是否科学、可行。

2．调查法

调查法是在科学方法论和教育评价理论的指导下，通过问卷、访谈、测验等科学方式，有目的、有计划、系统性地收集有关教育评价的信息与资料的方法。调查法被广泛运用于教育评价领域。例如，评价者可以通过问卷调查、访谈等获取有关信息并进行研究和评价，得出科学合理的结论。

（1）调查法的特点

调查法的特点包括以下方面：①调查问题的现实性。通过调查，评价者可以获得更准确更全面的评价信息，从而对评价对象做出客观全面的诠释和判断。②调查问题的真实性。调查是在自然环境中搜集并获得关于评价对象的实时信息和资料，因而具有很强的真实性。③调查问题的代表性。调查可以根据调查对象水平、分布状况和需要，选择足够大的样本，这样获得的数据和信息具有较强的可靠性。④调查方法的灵活性。调查没有很多设备条件的要求，可以运用问卷、访谈等多种方式，有很大的灵活性。

（2）调查法的步骤

调查法的一般步骤为：①明确调查目的。根据评价的目的和领域，确定调查目的、范围和对象。②选择调查方式。调查不同的对象，要选择与之相应的调查方法。③制定调查计划及提纲。在正式进行调查之前，要制定一个具体的调查计划。计划要明确调查的主要内容，调查的方式方法以及调查需要的人员、调查时间和工作程序等。④事实调查。它是调查研究中最关键的环节，目的是最大限度地获得第一手的真实资料。调查应严格按计划进行，力争使调查材料具有真实性、客观性、典型性。⑤调查资料及数据的处理。通过调查得到的评价资料可以分为文字性资料和数据性资料两种。

（3）问卷调查法

问卷调查法是以书面形式提出问题，由评价对象作答，进行资料搜集的方法。

问卷调查法的优点：①时间及取样灵活。②调查者和被调查者无须面对面接触，具有一定的回避效果，尊重了被调查者的隐私权。

问卷调查法的局限性：①由于问卷调查样本较大，若回收率低，会影响其代表性。②问卷调查通常是由被调查者独立答卷，如果遇到的问题难以解决，可能会用估计的方法来进行回答，从而影响其准确性。③问卷调查法搜集到的资料通常是表面的，还需进一步分析，否则不能深入了解深层次的、本质性的东西。

问卷的基本结构一般包括标题、导语、问卷正文等几个部分。

问卷中的问题有以下几种类型：直接问题和间接问题，具体问题和抽象问题，封闭问题和开放问题。

编制问卷要根据调查研究的目的和需要，其基本程序为：①明确评价目的和内容，确定调查对象和内容；②列出问卷调查的问题提纲；③确定问卷类型；④草拟问卷；⑤征求有关人员的意见，修改问卷；⑥测试与修订。

问卷设计的基本要求是：①力求表达简单清楚；②问卷题数适中；③问题措辞尽量使用中性词，避免有导向性；④备选答案要周密；⑤问题要先易后难，便于统计；⑥保证问卷的信度和效度。

问卷调查法实施时需注意的问题：①选择适合的被调查者；②问卷的发放和回收；③问卷结果的统计。

（4）访谈调查法

访谈调查法是指评价人员或确定的访谈者与访谈对象面对面地交谈，从而了解情况，搜集有关评价资料与信息的方法。

访谈调查法的优点：①具有较好的灵活性和适应性。由于调查者在现场能够随时给被访者提供必要的帮助和解释，能够最大限度地保证访谈达到预期的访谈目的。调查者可以根据当时的情况及谈话对象的特点及时调整问题，具有很强的灵活性。②具有较强的可控性。面对面交流可以有效地控制访谈进程与质量，最大限度减少调查的误差。③访谈目标明确。访谈通过面对面对话来了解被评价者的表现、感受、想法，了解存在的问题，因此，访谈目的明确，不易跑题。

按照不同的标准，访谈有不同的类型：①按访谈人数，可以把访谈分为个别访谈和集体访谈；②按访谈内容，可以把访谈分为标准化访谈、半标准化访谈和非标准化访谈；③按接触方式，访谈可分为直接访谈和间接访谈（电话访谈、网络访谈）。

访谈调查法的实施：①设计和制定访谈计划；②在正式访谈之前试行访谈，从而发现不足与疏漏，进行修改。③正式访谈中，要注意谈话技巧及被评价人的行为表现特征。④访谈结束后，整理访谈记录，撰写访谈调查报告。

在访谈过程中，需注意以下问题：①提问的时间、地点、场所要选择适当，注意不要在访谈对象心情不佳或人多嘈杂的场合进行访谈，否则会影响访谈效果。②提问的方式要适当，访谈中既要学会倾听，又要把握好时机进行及时、适度的追问。③严守保密原则，保证访谈内容的真实性，保护访谈人员的隐私权。

由于访谈通常是评价者与被评价者面对面的交流，因此更适合用于个体评价。

第七章 初中地理教学中培养核心素养的实践

第一节 地理核心素养的特点

地理学是研究地理环境以及人类活动与地理环境相互关系的一门科学，具有广泛的研究范围、丰富的研究方法和综合性的研究内容。受地理学科性质的影响，地理核心素养与其他学科核心素养相比，有共性也有差异。归纳起来，地理核心素养具有综合性、空间性、动态性、终身性、现实性和实践性等多方面的特点。

一、综合性

综合性是地理核心素养的显著特点。

第一，地理核心素养在内容上是综合的。地理核心素养不仅涉及位置、地形、气候、动植物等自然地理内容，而且包括人口、工农业等人文地理内容，还包括各种要素之间的相互联系与作用，强调人地协调、可持续发展等综合性内容。

第二，地理核心素养在构成要素上具有综合性。地理核心素养的构成要素包括知识、能力、方法、情感态度与价值观等。其中，地理知识是培养地理核心素养的基本前提，地理能力和地理方法能够促进地理知识的内化与迁移，地理情感态度与价值观能够引导地理核心素养的价值取向。综上所述，在初中地理核心素养培养过程中，要注意挖掘地理核心素养的综合性，以发展学生综合分析和解决地理问题的能力。

二、空间性

地理核心素养中不仅包含空间分布、地理规律、地理特征等具有空间属性的地理知识，而且包含区域综合分析与比较、空间辨别力、空间想象力、空间观点等地理能力要素。

三、动态性

地理核心素养的培养是一个动态的过程。一是发展性。地理核心素养的培养不是一蹴而就的，而是要经由一个逐渐教育、逐渐培养的动态过程。虽然地理核心素养具有一定的阶段性，但任何一个阶段都不是地理核心素养培养的终点。二是过程性。地理核心素养更侧重地理知识、地理能力、地理方法等培养的过程，其次才是获取地理知识、地理能力、地理方法等的结果。地理核心素养的培养是一个长期的、反复的、渐进的动态过程。

四、终身性

地理核心素养是在已有经验的基础上生成的比较稳定的心理品格，对个体的终身发展具有独特作用。一方面，地理核心素养能够长期对个体未来生活产生持续的影响。另一方面，地理核心素养中的可持续发展观念、读图绘图能力、国家意识、全球意识、地理美感等对个体的终身发展都有很大作用。

五、现实性

地理核心素养对个体的生活具有指导意义。地理核心素养中不仅包含民居、交通、饮食、旅游等方面的内容，而且包含野外实践、实地考察等方面的内容，与个体日常生活密切联系。

六、实践性

野外实践和实地考察是培养地理核心素养的重要途径。通过实践活动，个体可以亲身体验和感受自然，从而获得丰富的、真实的、可靠的感性材料和直接经验，加深个体对自然界的理解、对人地和谐的认同以及对各种生态问题的感悟。

第二节　初中地理教学中培养核心素养的策略

初中是地理学习的重要阶段，只有在这个阶段帮助学生养成良好的地理学习习惯，提高学生的地理学习能力，才能使学生更好地进行后续的地理学习。传统初中地理教学更加倾向于对书本知识的讲解，要求学生了解基本的地理知识。培养学生的地理核心素养是当前初中地理教学的重点，教师必须转变教学观念，注重培养学生的核心素养。

一、侧重地图教学

初中地理教材中不仅含有丰富的地理理论知识，还含有很多地图，这些地图是地理教学中的重点和难点内容。在传统的地图教学中，学生死记硬背不同国家、不同区域的地图，不但增加了学习难度，还会降低学生的学习效率，不利于培养学生的核心素养。教师要改变传统教学理念，培养学生自主学习和自主探究能力，引导学生进行地图学习。

例如，在教学“陆地和海洋”时，可以利用地图进行教学。教学时，一边讲解，一边带领学生描绘出各大洲的轮廓：非洲与南美洲是互补的，两个板块能够拼接起来；北美洲像是一只展翅飞翔的雄鹰；亚洲最大；欧洲像一个平行四边形。让学生简单画出各大洲的地形，可以加深学生的印象。在教学结束后，可在黑板上描出各大洲的形状，让学生进行抢答，帮助学生进一步巩固相关知识。

二、运用启发式提问

提问是教师最常用的教学方式，教师通过提问来了解学生对知识点的掌握情况，确定后续的教学计划。传统教学模式中，教师通常会根据自己的教学经验来进行提问，并且十分注重提问的结果，如果学生没有回答出来，教师就会换一位学生来回答，这在一定程度上会打击学生的积极性，导致学生的学习兴趣下降。教育的目的不是简单地传输知识，而是培养学生的能力。教师要改变传统的提问方式，采用启发式提问，从“是什么”递进到“为什么”。在学生无法得出答案时，教师要对学生进行启发，通过递进式的启发，帮助学生得出正确答案。

例如，在教学“温度的变化”相关内容时，教师先提问一个平时成绩不太好的学生：“A 地与 B 地相比，哪一个海拔高?”学生回答：“B 地。”然后教师接着提问：“海拔与温度有什么关系?”学生回答：“海拔越高，温度越低。”最后老师提问：“为什么 A 地的温度比 B 地高?”这样，学生就可以轻松回答出：“因为 A 地的海拔比 B 地低，所以温度会比 B 地高。”通过这种启发式的提问，引导学生得出答案，可以给予学生一定的成就感，保护学生的自尊心，锻炼学生的思维能力，促进学生学习能力的发展。

三、注重实践活动

传统教学以文本教学为主，说教式的教学方式容易使得学生对学习产生厌倦情绪。实践活动不仅能够激发学生的学习兴趣，还能锻炼学生的实践能力。初中地理教师可以组织学生开展实践活动，让学生主动与他人交流，了解各种与地理相关的内容。在这个过程中，可以帮助学生树立正确的地理观念。

需要注意，实践活动应当符合初中阶段学生的知识水平。例如，教师可以组织学生开展地理知识竞赛。在比赛的过程中，学生既可以了解更多的地理知识，还可以与他人进行比拼，激发学生的竞争意识。

四、开展合作探究

小组合作探究对促进学生参与课堂、成为课堂教学的主体有明显的作用。初中地理教师应注重组织学生开展小组合作探究，让学生在分析地理问题的过程中逐渐树立正确的人地协调观，能够客观地看待各种地理环境问题。

例如，在学习黄土高原水土流失的治理措施时，教师可组织学生通过合作探究的方式，结合之前学习的黄土高原水土流失的人为原因，思考人类在给当地地理环境造成不良影响后，应如何处理好人地关系。通过探究活动，渗透正确的人地协调观，使学生认识到人类在发展的同时，也要注重保护当地自然环境，做到人地协调发展，从而实现人类社会经济的可持续发展。

五、构建知识网络树

知识网络树以树状形式表现课程的知识结构，生动形象，直观清晰，脉络分明，便于学生掌握教材的知识结构和思维逻辑。一节地理课的主题就是一个大大的树干，每一个大的标题是大树的树枝，每一个知识点就是大树的树叶或者更细的树枝。把一节课涉及的地理知识以大树的结构生动形象、直观清晰、脉络分明地展现出来，有利于学生从多个角度分析地理事物和现象，理解各要素之间的关系。

例如，在教学“西北地区自然环境与农业”时，教师可引导学生以“西北地区”为树干，在树干上画出“自然环境”和“农业”两条主要的支干。在“自然环境”支干上画出“地理位置”“范围”“地形”“气候”“自然景观”树枝，在“农业”支干上画出“畜牧业”“灌溉农业”树枝。继续在树枝上细画出树叶，以呈现更加详细的内容。引导学生观察树枝之间的联系，深入理解其中的地理现象，解决相关地理问题。在这个过程中，学生的综合思维能力得到了发展。

六、模拟情景教学

教师应指导学生在学习地理时，将理论知识建立在自己的生活经验上，引导学生思考日常生活中的地理问题，认识到生活中处处有地理。

在教学中，教师可进行情景模拟。如教学“欧洲西部”时，模拟欧洲游情景，让学生体验欧洲的饮食文化，从而引出当地饮食文化与当地自然环境的关系；了解当地的著名景点，从而认知当地的自然环境特征和人文文化特点。这样的模拟情影教学，不仅能够激发学生的地理学习兴趣，还能够教会学生外出旅游的一些方法和技巧，让学生感觉学有所用，增强学生的地理实践力。

七、创新教学理念

初中地理教师应根据学生的实际情况和学习需求，明确教学目标，制定教学计划，运用多样化的教学手段开展地理教学活动。

在教育体制改革的背景下，教师要与时俱进，顺应时代发展潮流，转变教学理念，创新和优化教学模式，将课堂的主体地位还给学生，引导和帮助学生独立学习、独立探究。如果学生在学习中遇到困难，教师要给予其帮助，打开学生的思路，使其循序渐进地解答出相关问题。这种教学模式能够最大限度地发挥出学生的积极性与主动性，同时还能培养学生的合作意识，进而提升学生的核心素养。

第三节　核心素养视域下的初中地理教学模式

一、传统地理教学模式

教学课型是在对各种类型的课在教学观、教学策略、教材、教法等方面的共同特征进行抽象、概括的基础上形成的模型和模式。在这种意义上，教学课型与某种教学模式相关。教学模式在教学理论和教学实践之间起着承上启下的作用，是理论与实践的中介。核心素养的提出，必定引起教学模式、教学课型的重大变革。基于核心素养的教学模式、教学课型应注重培养学生的人文底蕴、科学精神，体现学生自主发展，尝试探究、合作与竞争等学习方式。

“教学模式”一词是由美国学者乔伊斯和韦尔等人提出的。教学模式是指依据教学思想和教学规律而形成的、在教学过程中必须遵循的、比较稳固的教学程序及其方法的策略体系。

针对初中地理的教学模式层出不穷，如案例教学模式、探究性学习教学模式、自主互动教学模式等，这些教学模式极大地丰富了地理教学的理论宝库。以学生发展为本的新课程改革，关注学生多元智能的个性发展以及地理学科本身所具有的综合性和灵活性特征，改变了以某一两种教学模式为指导，贯穿整个地理教学阶段的做法。作为地理新课程标准的践行者，只有将课程改革的背景、理念和内容融入丰富具体的教学实践中，才能以批判性的眼光审视并创造性地使用各种地理教学模式。

传统地理教学通常采用“讲解一接受”教学模式，它是由教师直接控制教学过程的地理教学模式。通过教师讲解、传递地理知识，引导学生观察、感知、理解和领会，组织学生练习、巩固和运用所学知识。用程序图表示为：复习旧课→引入新课→讲解新课→巩固新课。由此可以看出，传统教学模式是一个融学习者、教育者、教学内容和教学手段等四大教育元素为一体的环环相扣的动态系统，恰当地运用该教学模式能够有效调动教学双方的积极性，成功推进教学活动。

（一）复习旧课

以往的地理复习主要是进行知识点的细化和强化。在知识与技能、过程与方法和情感态度与价值观的三维目标指导下的地理复习，应当是使学生掌握最基本的地理知识和原理以及在现实生产生活中运用。教师不必将一个个知识点统统塞给学生，而是要让学生掌握基本的原理、大体的探究过程以及这些知识的一些现实应用。复习旧课的意义：一方面是加强记忆，另一方面是建构和完善自己的知识体系。对于基本知识和基本方法，学生必须掌握，因为它们是地理学科的核心基石。基本概念、基本知识在学生头脑中的逻辑建构，是学生经过思考在头脑中形成特定的符合学生个体特征的框架和图式，亦即布鲁纳所说的“用自己的头脑亲自获得知识”。心理学也指出，如果长时记忆里的信息正确地组织起来，就更可能正确地回忆（或了解）相关信息。

（二）引入新课

引入新课这一教学环节如果做得好，可为后继教学环节的顺利开展做好铺垫。导入新课的方式有复习导入、设问导入、案例导入、时事新闻导入等。随着科技的发展，更多更新的教育手段也将为引入新课注入新的活力。教学理念的更新则为引入新课打开了更为广阔的天空。从以知识为本转到以学生为本，为学生的终身发展着想，从能力视角与情感视角介入，引入新课不止“是什么”的认知问题，而是“是什么”“将会怎样”“为什么”“怎么做”的综合性问题体系。比如，在讲解南极臭氧空洞时，可以播放映美国科幻动画片《快乐的大脚》片断。影片讲述了南极洲主人企鹅遭遇了一场由人类带给它们的灾难，最终人类在认识到自己的错误后化解了灾难的故事。这个以憨态可掬的企鹅为第一人称的科幻片，以其强大的视听冲击，激发了学生的学习兴趣，促使学生产生探究欲望：南极洲的灾难是什么造成的？会产生什么后果？我们要怎么做？长期以来，在知识导向下，引入新课这一环节被许多教师认为只是传授知识的一剂辅料，学生在这种知识授受目的明显的新课导入中，感受不到课堂学习的乐趣。在以学生为本的新课改中，淡化了知识授受，真正从学生出发，认为学习内容不是以定论的方式呈现给学生的，而是要求学生在把最终结果并入认知结构之前，先从事某些心理活动，如对学习内容进行重新排列、重新组织或转换。

（三）讲解新课

在传统教学模式的地理课堂教学中，讲解新课在一节课中所占的时间比重最大，故传统教学模式又称为讲授式教学模式。讲解新课以教师唱主角，学生处于附属地位。我们应当辩证地看待这种教学模式，教师讲解的优点在于可以在有限的时间和空间内，使较多的学生比较迅速有效地接受较完整的地理知识，掌握地理知识结构，教师的主导作用得到发挥。这种教学模式对传授知识来说，效率较高，是最经济的教学方式之一。但由于这种单向传授过分强调教师的主导作用，忽视学生的主体地位和主动作用，与新课改提倡的探究学习、自主学习和合作学习相悖，不利于调动学生学习地理的积极性，也不利于学生能力的全面培养。对此，应从新课程改革的理念和教学实际出发，对教师讲解新课的形式进行有选择的运用。讲授式教学模式可以照顾全体学生，高效完成教学任务。在大多数学生对教学内容比较陌生时，讲授是比较吸引学生的教学方式，如对我国西北内陆地区的学生讲述海洋环境的时候。对于某些机械学习内容，应主要留给学生自己识记，但教师应当教给学生一些记忆方法，比如多感官参与编码（视觉编码、听觉编码和语义编码）、精细复述和有效提取信息等。对于与机械学习相对应的有意义的学习，就要将符号所代表的新知识与学习者认知结构中已有的适当观念建立非人为的和实质性的联系。按奥苏贝尔有意义的学习理论，有意义的学习的产生既受学习材料性质的影响，也受学习者自身因素的影响。学生上新课前知识储备不同，如果新课内容学生都很熟悉，那教师就不用多讲，以免重复生厌。另外，根据加纳德的多元智能理论，每个学生都是聪明的，他们是以不同的方式表现出来的，每个孩子都存有潜能，教师要挖掘这些潜能，促进学生语言智能、逻辑数学智能、空间智能、身体运动智能、音乐智能和人际关系智能等的发展。地理课程标准的活动建议中，多元智能的发展得到了充分的体现。比如，辩论会、实验和走访考察等活动的开展。在这些活动中，教师的主要功能不是讲解，而是隐身不缺位，适时出现，当好导演的角色。随着课程改革的深入，课本偏向轻薄，教学的硬性任务减少，每位教师将有更多的时间和空间发挥主观能动性，教师单向的纯粹讲解变少，变结论式教学为过程式教学，变单向传授为双向交流，变单一接受式学习为有指导的研究性学习。

（四）巩固新课

由艾宾浩斯的记忆遗忘曲线可知，在学习刚结束的一段时间遗忘的速度最快，之后遗忘继续发生，但是要缓慢得多。因此，当堂巩固新课是十分必要的。对于地理学科来说，可以通过强化记忆、建立与学生认知结构一致的逻辑图式、地理原理运用、现实问题解决甚至鼓励学生进行创造性运用来巩固新课。教学的侧重点应落在基本知识和基本原理基础上学生能力的提高上，较多地关注学生在学习过程中的情感体验和收获，培养学生良好的素养和正确的价值观。

二、生本教育教学模式

“生本教育”是以学生为本，以生命为本，以学生的学为本的教育，是最大限度地发挥人的生命潜能和发展本能的教育理论和方法。它是华南师范大学博士生导师郭思乐教授提出来的。一切为了学生、高度尊重学生、全面依靠学生是生本教育的核心理念。生本教育是为学生的好学而设计的教育，是新时期我国教育领域重点推崇的教学理念。

（一）生本教育教学理念

生本教育要求在教学过程中逐渐摒弃传统的以教师为中心的教学模式，实现向以学生为中心的教学模式过渡。

1. 教师观

教师要正确定位自己在课堂教学中的地位和作用，树立正确的教育观念，积极引导学生走进学习过程中来，而非强制性地灌输知识，迫使学生接受。在教学中，教师应作为学生的启迪者，其主要任务不是简单地教书，而是通过引导学生发掘自身的价值，发现自己的兴趣所在，教学生成人，使其成为国家发展建设的栋梁之材。

2. 教学观

生本教育的教学观强调教师要引导学生自主学习，充分尊重学生的个性差异，培养学生的感知感悟能力。人生来不同，在教学过程中，教师要明确每位学生的兴趣爱好，根据学生的不同表现使用不同的引导方式，从而培养学生的感知感悟能力。

3. 评价观

传统教学以成绩评价学生学习能力及表现的好坏。生本教育的评价观强调摒弃以考试成绩评定学生学习状况的评价原则，突出过程性评价，同时将评价的权利交给小组成员或其他同学。

4. 德育观

培养学生的综合能力，确保其德智体美劳全方位发展是教学的基础目标，但在具体的教学实践中，学校和教师往往只是强调学生对理论知识的掌握而忽略了其他方面。生本教育理念强调将德育作为教学的基础，即在加强学生文化知识教育的同时，强化“德”的教育。生本教育的德育观要求教师将学生放回自然，促使学生用心去体验真善美，从而树立正确的世界观、人生观和价值观。

（二）构建地理生本课堂应遵循的原则

生本教育是建立在以人为本的发展理念基础上的科学教育理念，初中地理生本课堂构建应遵循以下原则：

1. 尊重学生的个性差异

初中地理是一门知识体系较为复杂、内容枯燥的课程，在传统教学中，教师以生硬的板书讲述为主，不能激发学生的学习积极性。学生的先天智力及兴趣爱好等不同，决定了其在地理课程学习过程中存在差异，理解能力强或对地理感兴趣的学生更容易在学习中取得好成绩，而理解能力差或对地理不感兴趣的学生学习起来便会吃力。构建地理生本课堂时，教师要尊重学生的个性差异，针对不同的学生使用不同的引导方式，在增强学生学习自信心的基础上强化学生的学习热情。

2. 制定系统的构建规划

构建地理生本课堂，应加强对构建策略的探究，从而制定系统的构建规划，以避免因盲目尝试而造成不良影响。教师要制定完善的教学方案，将具体的课堂教学改革措施及效果评估等进行综合考量，为后期的实践尝试提供一定的指导。

3. 以转变师生主体地位为前提

传统教学中，教师是教学的主体，教师将知识传输给学生，学生只是被动的接受者。此种教学模式有可能影响学生的学习热情。生本课堂构建的前提是，教师必须正确认识其在教书育人工作中的角色地位，将自己塑造成引导者，还原学生的主体地位，充分发挥学生的主观能动性。

（三）构建地理生本课堂的建议

1. 改变师生关系，活跃课堂气氛

传统教学模式中，教师作为教学的主体，与学生是对立的，学生对教师逐渐形成一种敬畏心理，使得课堂氛围较为严肃。构建地理生本课堂，首先要改变师生之间的关系，使教师成为学生的朋友。朋友式的相处，有利于教师对学生的进一步了解，从而能制定更具体的教学方针；朋友式的相处，有利于活跃课堂气氛，同时也活跃了学生的思维，使他们的学习热情保持得更为长久；朋友式的相处，有利于学生改变对教师的态度，消除对教师的敬畏心理，敢于提出自己的问题，寻求教师的帮助。

2. 明确时间观念，强化教学的顺序性

传统的教学过程中，时间大部分分配在教师的讲授上。教师虽强调课前预习，但在上课过程中，教师往往直接进入讲述阶段，没有就学生的预习情况进行检测。长此以往，学生了解了教师的讲课特点，不再进行课前预习，仅靠课堂上听讲，对知识一知半解。生本课堂构建过程中，教师应强化教学的顺序性，强调学生自主预习的重要性。例如，在讲解我国的交通运输业时，可提前让学生进行预习。在课堂上，让学生先进行相关知识的讲解，教师进行纠正，将学生的思维从教师教学中的“点”拓展为自己学习的“面”。

3. 突出理论与实践相结合的教学模式

理论与实践相结合的教学模式可以调动学生的学习主动性。枯燥的知识点的学习会降低学生的学习积极性，地理教学过程中，教师应适当地采取理论与实践相结合的教学模式，以激发学生的学习热情。如在讲解中国的地形时，可带领学生走进自然，通过实地考察来感受不同的地形特征。再如，介绍长江时，可带领学生到长江与汉江的交会处，看看“江汉分明”的景象。很多地理知识是抽象的，将理论知识融入到实践中去，有利于学生的理解与掌握。

4. 开展小组探究学习

地理生本课堂的构建需要积极发挥学生的主观能动性，挖掘学生的潜能。教师可以把成绩上存在差异的学生分成学习小组，在讲到某部分知识时，让学习小组进行讨论并得出最终结论。开展小组探究学习，在增强学生主观能动性的同时增强了学生的团队协作精神和探究意识。

三、自本课堂教学模式

自本课堂是相对于师本课堂和生本课堂而言的。自本课堂是对课堂教与学关系的再一次思考，自本课堂中的“自”，指的是每一个学生，以每一个学生为本，强化学生个体需求，教学中教师和学生作为共同学习者参与学习的过程，开展关注学生个体的混合式学习。

自本课堂注重学生个体，做到了以教促学、以学为中心，是教中有学、学中有教、灵活多样的教与学的新型关系。自本课堂保留了学生生性活泼、纯真浪漫、好动自由的特点，反对思想僵化、因循守旧、单一化、标准化和家长式作风的教育，提倡朴实无华、纯真自然的教育，保持着积极向上的情感，追寻生命的意义。

自本课堂形式多样，没有一成不变的模式，根据其内容指向性，自本课堂的学习目标、学习方式、学习方法、学习内容、学习评价都可以作为学校教育的重要着力点。

（一）创新学习目标

自本课堂注重学生在课程学习、真实情境下的品质与态度，注重学生经历真实的探究、创新、合作与学科核心问题解决，注重师生课内创生知识。

例如，在教师的鼓励下，班级学生自由组合成合作探究小组，不仅能够激发学生的学习兴趣，而且有助于学生更好地理解和运用知识，在享受快乐学习的同时学会解决问题。这样，不仅能够激发学生的潜能，更为重要的是，学生建立了合作平等、互利互惠的价值观，得到了平等发展的机会，提升了核心素养。

（二）创新学习方式

自本课堂强调增强学生的自主学习动力，打破了讲授式的知识传授，积极探索课程横向性学习、跨学科主题整合、真实情境实践等课堂模式。

（三）创新学习方法

在实施自本课堂之前，要求学生开展基于个体的项目学习和基于课程目标的自主学习。在布置课前任务时，要考虑学生个体差异。一是学生认知风格的差异。依据学科特点及美国心理学家维特金提出的场独立性和场依存性的差异，教师应该对学生学习的知觉、思维、推理、问题解决和记忆做出恰当的分析和判断，不同的学生有不同的学习方法。二是学生学习风格的差异。依据学科特点和不同学生对学习课程的认知、情感、环境的综合特征进行考量。三是学生个性特征的差异。例如，有的学生是动手型的，有的学生是动脑型的。自本课堂由学生自由组合、优势互补、合作实践、合作探讨，学生在这个过程中相互学习、相互进步。教师要树立正确的学生观，理解和尊重差异，重视和尊重学生的价值，注重培育和激发学生的创新能力，发挥学生的个性特长。自本课堂就像一个演讲堂，学生相互讲述自己生活中发生或所见到的类似书本中的真实案例。每一个鲜活案例被学生回忆、整理和表达的过程，即学习成果展示的过程。学生自己讲述的真实案例，肯定是记忆最为深刻的事件，对事件的描述、解读、反思以及引发的思想行为改变，会促使学生表达、分享、交流不同生活领域的个体的生活经历，进而引导学生反思自身经历，再通过师生、生生的深入分析，促进学生个体经验的扩展。

(四) 创新学习内容

自本课堂致力于对现实生活的仿真模拟，还原课程内容的真实情境，更多关注以课程学习和生活经历为主题的综合学科实践活动，让学生亲身经历典型学科知识的实践操作过程，增强知识学习的逻辑程序和模型意识，提高实践能力和责任担当意识。这种从真实情境问题出发，通过探究和协作寻求答案的方式，促使学生养成检索资料、收集数据和合作学习的习惯，能激发学生对求知探索的热情。

(五) 创新学习评价

在学生学习评价方面，要坚持评价多样性原则。一是激励性原则。水不激不跃，人不激不奋。学习评价应是鼓励的话多一些，批评的话少一些。符合学生需要的正确评价，能激发学生的学习信心，诱发学生的智慧潜能，让学生在学习过程中感受到成功的喜悦，尤其是让学习效果不佳的学生体验到因努力学习而获得的肯定，增强自信心。二是发展性原则。课堂教学要以人为本，树立“学生是教育主体”的意识。每个学生都存在差异，教师评价不能千篇一律、一成不变，应该体现学生的个性特点。这要求教师依据不同层次学生的发展水平，借鉴现有先进经验和成果，参考跨学科素养考核细则，体现多重组合评价体系标准和发展目标，促进学生整体发展。

四、基于地理核心素养的自本课堂教学理论

生本课堂中的“生”，大多指的是班级学生这个群体，即以群体学生为本，以假想化、符号化的抽象学生为本，仍然对每一个性格迥异的鲜活生命关注不够。而自本课堂中的“自”，指的是每一个学生，以每一个学生为本，重心更加下移。地理教学从以教为中心、以学为中心进入教中有学、学中有教、不分彼此的“第三种教学关系”。

地理自本课堂主要指以学生学习地理的兴趣和现有的经验为基础，以与学生学习生活和社会生活密切相关的各类现实性、综合性、实践性问题为内

容，以研究性学习为主导学习方式，以培养学生地理学习的创新精神、实践能力以及对地理知识的综合运用为主要目的的地理课堂教学。这种课堂教学强调多种主题、多种任务模式、多种研究方法的综合，这种综合来自学生个体对地理实践活动主题更深入认识和挖掘的过程。

初中学生往往对生活中常见的一些地理现象比较感兴趣，因此，在地理课堂教学中要尽可能创设与生活实际紧密相关的问题情境，进行实践探究活动。情境内容越贴近社会，贴近学生生活，学生就越会感受到地理知识的真实性、重要性和实用性，就越能激发学生强烈的探究欲望。学生在探究实践过程中，如果遇到困难，教师要多鼓励学生认真思考，冷静分析，让学生在解决问题中构建新知识，并从中体验科学探索的乐趣。学生在自主学习过程中，遇到问题和困难时，教师切忌包办代替。美国著名心理学家加涅提出“为学习而设计教学”，也就是说，当学生的思维和状态出现问题时，教师要以合适的方法来加以引导与解决，从而真正体现教师是学习的促进者与引导者。

五、基于地理核心素养的自本课堂教学实践

（一）改革教学方式

自本课堂应该是适合每个学生学习成长的课堂，学生人人参与、个个展示、体验成功、分享快乐。地理探究式教学，以分享他人智慧、启迪思维、形成良好的认知结构为目标，最终实现共同发展。教育的实质是分享前人、同伴和社会成员的智慧。学生在与他人交往的过程中分享智慧，分享学习过程中的思考和经验，实现共同成长，享受认同与尊重的过程。

案例：“多变的天气”教学片段。

1. 联系生活，设置问题

新课导入：天气与我们的生活有哪些联系？

自探问题：降水的主要形式有哪些？气象部门将降雨划分为哪几个等级？日常生活中，你是如何判断小雨、中雨、大雨、暴雨的？降水量是如何测

定的?

2. 结合体验，自主探究

结合自身观察体验，说明下列降水状况对人们日常生活、生产的影响：

①连续 24 小时的暴雨。

②阴雨连绵 1 个月。

③近 2 个月没有下雨。

④某城市下了大雪。

⑤某乡村下了半小时冰雹。

3. 自探交流，得出结论

①降水对体育运动有何影响?

②降水对农作物成熟有何影响?

③根据资料分析，学校春季运动会以安排在 3 月中下旬为宜，秋季运动会以安排在 10 月中下旬为宜，为什么?

④降水对各地居民生活有何影响?

学生根据自己已有的知识和实践来学习交流。

自本课堂使学生真正成为学习的主人。学生主动掌握整个学习过程，自觉地投身学习，自己对自己负责，学习的主动性会大大增强。在学习过程中，学生会很快找到适合自己的学习方法，提高自己的学习效率，养成良好的学习习惯。同时，良好的学习习惯，又能保障进一步的自探实践学习，从而形成良性循环，使学生受益无穷。在学习过程中，需要学生根据学习情况适时调整自己的知识结构、思维方式与学习方式，需要学生具有较强的适应力和应变力，需要学生不断克服困难、具有敢于怀疑的精神。学生在学习过程中，不知不觉培养了良好的学习品质。课后，要精心组织学生参与实践活动，培养学生把所学的地理知识运用于生活实践的能力，真正体现对学生核心素养的培养。

(二) 实施分层教学

分层教学的实质就是满足不同学生的差异化需求，这是一切从学生出发的具体体现，是对学生最大的尊重，也是实现有效教学和高效学习的最基本策略。不能把分层教学理解成办“尖子班”，而是教师用不同的方法去教不同的学生，教师在备课、上课、辅导各个方面要根据学生的不同基础给予不同的教学服务。

案例：“34 个省级行政区”教学片段。

1．导入新课

要求学生填写自己的户口地址，如表 7-1 所示。

表 7-1　户口地址

	省（直辖市、自治区、特别行政区）
	县（市、自治州、自治县）
	乡（民族乡镇）

从表 7-1 中可以看出，我国的行政区主要划分为几级？

2．分层实施，合作互助

①读中国政区图，熟悉中国 34 个省级行政区。

②分组讨论（按照分层的原则把全班学生分成 7 个合作学习小组，每组 6～8 人为宜），然后请每一组派代表到大屏幕前指图。在制作课件时，尽量采用闪烁等多种方式辅助学生记忆。

第一组：找出我国的 5 个自治区和 2 个特别行政区，指出它们的准确位置，同时说出它们各自的简称及行政中心。

第二组：找出本省的名称、简称、位置和行政中心，并说出相邻省级行政区的名称和简称；找出 2 个直辖市，指出它们的准确位置，同时说出它们各自的简称及行政中心。

第三组：找出黄河流经的省级行政区中的任意 7 个，指出它们的准确位置，并说出它们各自的简称及行政中心。

第四组：找出北回归线穿过的省级行政区，找出全部位于热带的省级行政区，指出它们的准确位置，同时说出它们各自的简称及行政中心。

我国有 34 个省级行政区，包括 23 个省、5 个自治区、4 个直辖市、2 个特别行政区。

经过前面的学习，我们发现不少省级行政区的名称具有对称性的特点，如湖南、湖北，广东、广西，山东、山西等。

“两江两湖两河山”指的是我国哪些省级行政区？“湖”“河”“山”各指什么？

“五区四市青陕甘”分别指的是我国哪些省级行政区？在 4 个直辖市中，最年轻的是哪一个？

“广安福浙东三省”分别指的是我国哪些省级行政区？

我国有很多名称很长的省级行政区，如内蒙古自治区、新疆维吾尔自治区等，为了使用方便，各省级行政区都有简称。请同学们讨论一下我国行政区简称的由来。

师生讨论后，用大屏幕展示我国 34 个省级行政区简称三字经，帮助学生记忆。

3. 合作竞争，共同提升

①宣布比赛规则。

课前准备：学生利用课余时间熟悉我国省级行政区的形状和位置，课堂上按教师宣布的比赛规则和流程进行比赛。

第一轮：各组选派一名选手参加比赛，把完成拼图的时间记录在黑板上，以备累计用。

第二轮：由其他小组为比赛小组推荐一名选手参加比赛。

第三轮：各组抽签选出一名选手参加比赛。

②比赛。

③颁奖。

4. 分层评价，梳理拓展

师：同学们，开始时老师要求大家把 34 个省级行政区的名称、轮廓、相对位置都要记住，你们感觉难不难？

生：难！

师：你们今天的表现都非常出色，现在你们觉得这部分内容的学习困难吗？

生：不困难，很有趣。

师：下面，我们请获得冠军的同学说说他这次为什么能夺冠。

冠军同学：我在帮同学认识省级行政区的形状和位置时，照着图给同学讲解，发现自己记得更牢了。而且，我在家里的电脑上进行了多次练习。

基于核心素养的地理分层教学的实施背景是以人为本。分层教学中，每个学生都有所获，都能够体验经过自身努力而获得成功的喜悦。分层教学主张“组内合作，组间竞争”。小组合作学习强调组内的互相帮助，消除了个人之间的竞争，而把竞争转化为小组与小组之间的适当竞争，使学生可以在比较自主、和谐和宽松的学习气氛中互相探讨，有助于培养学生的合作精神和竞争意识，增强学生的集体荣誉感。

（三）重视实践活动

苏霍姆林斯基说：“手和脑之间有着千丝万缕的联系，手使脑得到发展，使它更明智；脑使手得到发展，使它变成思维的工具和镜子。”实践活动就是让学生手的动作和脑的思维结合起来，以活动促思维，调动学生各种感官参与学习活动。西方国家的一些中小学流行“动手做”“做中学”，强调让学生通过自己动手操作、探索和研究，进而发现规律，获得新知识。

《义务教育地理课程标准（2022 年版）》明确提出：学生是地理学习的主人，而教师则是地理学习的组织者、引导者与合作者。地理学习必须改变过分重机械记忆而轻理解记忆，过分重学习结论而轻学习过程，过分重知识“再现”训练而轻知识“迁移”能力培养的倾向，把实地观察与调查、动手实践、自主探索与合作交流作为学习地理的重要方式，鼓励学生积极探究，形成主动学习的态度，从而培养学生的人文精神、科学态度、信息素养、实践能力和创新意识。因此，地理实践活动是初中地理教学的重要组成部分。

比如，在讲解地球的形状时，教师按照教材要求，让学生利用乒乓球制作地球仪模型，要求在乒乓球上画出地球的两极、赤道、经纬网等。通过人人动手、人人参与的“做中学”的学习方式，收到较好的学习效果。在这一地理小制作中，学生如果想顺利完成任务，就必须运用相应的地球知识，做到学以致用。同时，对那些不能很好完成制作的学生，促使他们想办法解决制作过程中出现的问题，并为此主动探究学习，做到“以用致学”。

再比如，关于等高线这部分内容，如果只在课堂上讲解等高线，对于这种很抽象的知识，学生肯定不容易理解。教师可采用人人参与的“创中学”的方式，制作等高线绘法示意图的模型。制作过程中，应尽量考虑就地取材，使学生不受条件限制，人人可以参与。可以选择的材料有：包装箱内用于防震的等厚度的泡沫塑料、裁纸刀、竹签。制作过程如下：取 5～6 层泡沫塑料重叠在一起，用竹签插成一个整体，然后再用裁纸刀切削成山体的形状，并完成山峰、山脊、山谷、鞍部、陡崖等的制作。在课堂教学的时候，利用这一模型，把其层层拆开，再绘到纸上，可得等高线图。

教师要在课堂上给予学生足够的实践创作体验，开展探究活动，使学生具备探究问题的能力与动手能力，并能够独立进行创作。在学生创作过程中，教师要鼓励学生与他人进行交流，在交流中获得新的知识和见解，从而培养学生的地理实践能力。

把核心素养贯彻到教育教学中，就是把以人为本，以生为本，以学为本的思想体现在教学中，真正体现课堂的育人功能。落实核心素养，一方面要遵循知识内在的逻辑规律进行有效学习，真正实现构建知识体系和能力体系；另一方面就是要遵循学习者的认知规律，把学习同现实生活结合起来，在学习和实践中形成良好的品质和健全人格，让学生真正形成适应终身发展和社会发展的必备品格和关键能力。

参考文献

［1］常晟. 基于学生核心素养的初中地理课程改革实践探索［J］. 中学地理教学参考，2017（3）：35-37.

［2］陈维坚. 课堂教学改进的方法与技术［M］. 南昌：百花洲文艺出版社，2017.

［3］陈顺瑜. 初中学生地理学科能力的培养［J］. 地理教学，2014（21）：29-31.

［4］段玉山. 学科教学详解：初中地理［M］. 长沙：湖南教育出版社，2015.

［5］方伟城. 核心素养背景下初中地理课堂教学探索［J］. 新智慧，2019（23）：89.

［6］郭艳. 教师期望在初中地理教学上的价值回归研究［D］. 大连：辽宁师范大学，2017.

［7］黄雷. 学生发展核心素养视域下的课堂教学指南：初中地理［M］. 长春：东北师范大学出版社，2017.

［8］姜黎. 多元智能理论在初中地理教学中的研究与实践［D］. 济南：山东师范大学，2015.

［9］靳玉乐，张铭凯，郑鑫. 核心素养及其培育［M］. 南京：江苏人民出版社，2018.

［10］雷建军. 学科教学详解：初中历史［M］. 长沙：湖南教育出版

社，2015.

［11］李家清. 地理课程与教学论［M］. 武汉：华中师范大学出版社，2010.

［12］刘志强. 新课程初中地理有效教学策略研究［D］. 呼和浩特：内蒙古师范大学，2012.

［13］卢士安，高灵. 中小学教育践行社会主义核心价值观的探索学校德育课程实践指导［M］. 上海：上海科学技术出版社，2015.

［14］任志瑜. 我的教学观点［M］. 北京：北京理工大学出版社，2018.

［15］孙媛. 基于情境认知理论培养高中生物理核心素养的教学研究［D］. 哈尔滨：哈尔滨师范大学，2018.

［16］孙智慧. 核心素养视域下"地理教学目标"的叙写研究［J］. 地理教学，2019（17）：8-11.

［17］王静爱. 区域地理论丛：地理教育与地理教师专辑［M］. 北京：北京师范大学出版社，2012.

［18］王淑英. 九年一贯制学校优秀创新人才早期发现与培养策略的案例研究·案例成果卷［M］. 石家庄：河北美术出版社，2017.

［19］吴岱峰. 基于提高地理课堂教学有效性的案例分析与思考［J］. 中学地理教学参考，2011（9）：4-9.

［20］吴萍. 地理核心素养视域下乡土课程资源的运用［J］. 中学政史地（教学指导），2019（5）：58-59.

［21］向微. 翻转课堂在初中地理教学中的应用障碍及优化策略［D］. 湘潭：湖南科技大学，2019.

［22］谢娜. "国家地理"应用于初中地理情境教学的研究［D］. 上海：上海师范大学，2012.

［23］许晨雯. 高中生地理核心素养的培养研究［D］. 长沙：湖南师范大学，2018.

［24］杨新. 新编地理教学论［M］. 北京：科学出版社，2010.

［25］查承云. 如何在初中地理教学中提升学生的核心素养［J］. 新课

程·中学，2018（5）：230.

[26] 张淼. 新课程背景下时事新闻在初中地理教学中的应用研究 [D]. 哈尔滨：哈尔滨师范大学，2017.

[27] 张旭升. 学生核心素养视域下思想政治课情感教学实施研究 [D]. 兰州：西北师范大学，2017.

[28] 张英花. 整体观视域下师范生核心素养培育初探 [J]. 南京：江苏第二师范学院学报，2019，35（2）：6-10.